POST
aus meiner
KÜCHE

Wunderschöne vegetarische Winterzeit

Carolin Jahn

# WUNDERSCHÖNE VEGETARISCHE WINTERZEIT

Vom Kochen, Backen und Schenken in der festlichen Zeit

Jan Thorbecke Verlag

**VERLAGSGRUPPE PATMOS**

**PATMOS**
**ESCHBACH**
**GRÜNEWALD**
**THORBECKE**
**SCHWABEN**
**VER SACRUM**

Die Verlagsgruppe
mit Sinn für das Leben

FÜR MEINEN MANN UND MEINE ZWEI MÄDELS

Die Verlagsgruppe Patmos ist sich ihrer Verantwortung gegenüber unserer Umwelt bewusst. Wir folgen dem Prinzip der Nachhaltigkeit und streben den Einklang von wirtschaftlicher Entwicklung, sozialer Sicherheit und Erhaltung unserer natürlichen Lebensgrundlagen an. Näheres zur Nachhaltigkeitsstrategie der Verlagsgruppe Patmos auf unserer Website www.verlagsgruppe-patmos.de/nachhaltig-gut-leben


Verlagsgruppe Patmos in der Schwabenverlag AG, Ostfildern
www.thorbecke.de

Gestaltung: Finken & Bumiller, Stuttgart
Fotos: Carolin Jahn
Druck: PNB Print Ltd, Silakrogs
Hergestellt in Lettland
ISBN 978-3-7995-2062-1

FSC www.fsc.org MIX Paper | Supporting responsible forestry FSC® C084698

# INHALT

Geröstete
Laugenknödel
in Pilzragout

# DIE SCHÖNSTE ZEIT *im Jahr*

Weihnachten in unseren Kindertagen war etwas ganz Besonderes. Bereits Anfang Dezember hatten die Tage etwas Magisches, etwas Knisterndes: das Öffnen der ersten Adventskalendertürchen, das Anzünden der Adventskranzkerzen oder der erste Lebkuchen ... Wir fuhren den ganzen Tag Schlitten, stapften durchgefroren nach Hause und freuten uns auf eine heiße Tasse Kakao.

Wie im Nu verflogen der Monat Dezember und die mit ihm verbundene Vorweihnachtszeit, die so viel Schönes für uns bereithielt. Heute gefallen mir an dieser besonderen Zeit im Jahr vor allem das gemütliche Beisammensein mit meinen Liebsten, Besuche auf dem Weihnachtsmarkt mit Freunden, kuschelige Abende vor dem Kamin, gemeinsames Kochen oder das jährliche Plätzchenbacken mit den Kindern. All das sind kleine Rituale, die dieser Zeit ihren ganz besonderen Zauber verleihen.

An den Festtagen kommt bei uns die ganze Familie zusammen. Lichterketten sind im Haus verteilt, der Weihnachtsbaum steht an seinem Platz und der Tisch wird für all meine Lieben gedeckt. An diesen Tagen laufen die Uhren langsamer und wir nehmen uns Zeit zum Durchatmen.

*Das Herz allein versteht das Geheimnis, andere zu beschenken und dabei selbst reich zu werden.*

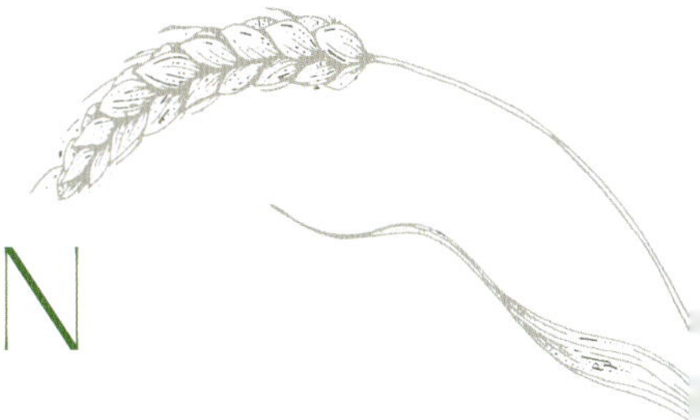

# MEINE ZUTATEN

## BACKTRIEBMITTEL

Wann immer es mir möglich ist, setze ich bei der Verwendung von Hefe auf frische Hefe. Frische Hefe ist ungefähr 14 Tage haltbar. Für eine längere Haltbarkeit können einzelne Hefewürfel auch ohne Probleme eingefroren werden.

## ÖLE & FETTE

Wenn nicht anders angegeben, verwende ich in meinen Rezepten immer qualitativ hochwertige Süßrahmbutter bei Zimmertemperatur. Hierfür nehme ich die Butter ungefähr 1 Stunde vorher aus dem Kühlschrank. Im zimmerwarmen Zustand lässt sie sich besonders gut mit anderen Zutaten verrühren oder aufschlagen. Grundsätzlich benutze ich immer lieber Butter als Margarine. Süßrahmbutter ist besonders gut zum Backen geeignet, da sie von Natur aus bereits eine leichte Süße aufweist und besonders mild im Geschmack ist. Auch zum Einfetten meiner Backformen verwende ich stets Süßrahmbutter. Beim Kochen greife ich gerne auf gesalzene Butter oder Sauerrahmbutter zurück.

## EIER

Ebenso wie Butter verwende ich Eier immer bei Zimmertemperatur. Bei Eiern reicht es jedoch, sie ungefähr 30 Minuten vorher aus dem Kühlschrank zu nehmen. Zu kalte Eier führen dazu, dass diese beim Verrühren mit anderen Zutaten schnell gerinnen und so unschöne Klümpchen entstehen.

## MILCHPRODUKTE

In Teigen trägt Milch dazu bei, diese besonders geschmeidig und elastisch zu halten. Im Hefeteig beispielsweise regt Milch die Gärung an. Wenn nicht anders angegeben, verwende ich in meinen Rezepten immer Vollmilch mit 3,5 % Fett sowie Sahne mit mindestens 30 % Fett.

## VERSCHIEDENE MEHLSORTEN

Weizenmehl mit der Type 405 eignet sich besonders gut für Kuchen, Kekse und jegliches Kleingebäck. Die Type 550 kommt bei mir bei Hefegebäck, hellen Brötchen oder Brot gerne zum Einsatz.

## ZUCKER

In der Weihnachtszeit greife ich in meinen Rezepten sehr gerne auf braunen Zucker zurück. Dieser hat eine leichte Karamellnote und passt daher perfekt zu weihnachtlichen Gewürzen und Zutaten. In süßen Teigen verwende ich meistens Puderzucker anstatt Kristallzucker. Der Teig wird so besonders fein und geschmeidig.

## TRÜFFEL

Weißer Trüffel riecht im ersten Moment etwas intensiver als schwarzer Trüffel. Das Aroma verfliegt jedoch schnell beim Kochen. Verwendet man also Trüffel nicht nur als Topping, sondern verarbeitet ihn auch in der Sauce, wird besser schwarzer Trüffel verwendet.

Weißer Trüffel sollte sofort verzehrt werden, schwarzer hingegen ist, in ein Küchentuch gewickelt, in einem luftdichten Behälter ca. 1 Woche haltbar. Pro Person kann in einem Rezept mit etwa 10 g Trüffel gerechnet werden.

## GEWÜRZE

Gewürze kaufe ich, wenn möglich, als ganze Kapsel oder Samen und mahle diese erst kurz vor der eigentlichen Verwendung.

## OBST & GEMÜSE

Wann immer es mir möglich ist, verwende ich in meinen Rezepten saisonales Obst und Gemüse. Jetzt in den Wintermonaten bin ich unter anderem auch auf Sorten aus der Lagerhaltung angewiesen oder greife auf eingekochte bzw. konservierte Alternativen zurück.

## GELIERMITTEL

Anstatt herkömmlicher Blattgelatine verwende ich die pflanzliche Alternative Agar-Agar. Im Vergleich zu Gelatine muss diese Alternative jedoch stets aufgekocht werden, um richtig gelieren zu können. Agar-Agar wird aus Algen hergestellt und ist in Pulverform in jedem gut sortierten Supermarkt erhältlich. Die Gelierkraft des Pulvers ist um ein Vielfaches stärker als die der Blattgelatine. 1–2 TL ersetzen bereits 6 Blatt Gelatine und sind ausreichend, um etwa 500 ml Flüssigkeit zu gelieren.

Mürbteigtartelettes
mit Glühweinbeeren
und Baiser

# GRUNDREZEPTE *für die süße* WEIHNACHTSZEIT

Schon immer wurde und wird bei uns in der Weihnachtszeit besonders viel gebacken. Von Hefezopf und Zimtschnecken über herzhafte Tartes und Galettes ist alles vertreten, und es vergehen kaum Tage, an denen nicht der herrliche Duft nach Gebackenem durchs Haus zieht.

# *Meine liebsten*
# GUSS- UND GLASURVARIATIONEN

## EINFACHER WEIßER ZUCKERGUSS

**ZUTATEN FÜR 1 PORTION**

250 g Puderzucker
4 EL Sahne (alternativ Milch oder Wasser)

**ZUBEREITUNG**

Den Puderzucker durch ein feines Küchensieb in eine kleine Schüssel sieben. Die Sahne nach und nach unterrühren, bis ein glatter Guss entsteht.

*Tipp*

1 Portion Zuckerguss reicht aus für 1 Kuchen mit etwa 28 cm Durchmesser, 12 Muffins oder 1 Backblech mit Plätzchen. Den Zuckerguss am besten auf dem vollständig ausgekühlten Kuchen oder Gebäck verteilen. So wird die Farbe schöner und der Guss zieht nicht ungewollt in den Kuchen ein. Falls es mal schneller gehen soll, trocknet Zuckerguss bei 40 °C Umluft im Backofen; das dauert ca. 10 Minuten.

## ZUCKERGUSS MIT WEIHNACHTLICHEN GEWÜRZEN

**ZUTATEN FÜR 1 PORTION**

½ TL Zimt
1 Prise gemahlene Gewürznelken
250 g Puderzucker
1 EL brauner Rum oder Amaretto
3 EL Sahne (alternativ Milch oder Wasser)

**ZUBEREITUNG**

Die Gewürze in einer kleinen Schüssel vermischen und den Puderzucker darübersieben. Den Rum und die Sahne nach und nach unterrühren, bis ein glatter Guss entsteht.

## SCHOKOLADENGLASUR

**ZUTATEN FÜR 1 PORTION**

150 g Zartbitterkuvertüre
1 EL Butter oder Kokosfett

**ZUBEREITUNG**

Die Kuvertüre mit einem scharfen Messer grob zerkleinern und über einem Wasserbad langsam schmelzen. Die Butter oder das Kokosfett unterrühren und die Glasur sofort verwenden.

*Tipp*

Bei Schokoladenglasur verwende ich meist Zartbitterkuvertüre. Diese ist nicht so süß wie Vollmilchkuvertüre und lenkt daher nicht vom Geschmack des Kuchens oder des Gebäcks ab. Da Kuvertüre einen höheren Fettanteil als Schokolade hat, ist sie geschmolzen etwas flüssiger als diese und lässt sich daher besser verteilen. Ein weiterer Vorteil ist die deutlich schnellere Trocknungszeit.

fröhliche Weihnachten

# Die besten DESSERTSAUCEN

Ich liebe Dessertsaucen!
Sie werten jeden noch so einfachen Nachtisch auf.

## EINFACHE VANILLESAUCE

**ZUTATEN FÜR CA. 4 PORTIONEN**

1 Vanilleschote (alternativ 2 TL Vanilleextrakt)
250 ml Sahne
250 ml Milch
50 g Zucker
1 EL Vanillezucker
2 Eigelb
2 TL Speisestärke

**ZUBEREITUNG**

1. Die Vanilleschote längs aufschneiden, das Mark herauskratzen und zusammen mit der Sahne, der Milch, dem Zucker und dem Vanillezucker in einem mittelgroßen Topf aufkochen. Das Eigelb mit der Speisestärke verrühren.
2. 1–2 EL der aufgekochten Milchmischung zur Stärke geben und gut unterrühren. Das Stärkegemisch unter ständigem Rühren zur Milch geben. Diese nochmals erwärmen, bis die Vanillesauce etwas eindickt. Die Sauce am besten noch warm servieren.

### Tipp

Vanilleextrakt lässt sich ganz einfach selbst herstellen (siehe Tipp Seite 103).

## EINFACHE SCHOKOSAUCE

**ZUTATEN FÜR CA. 4 PORTIONEN**

200 ml Milch
40 g Backkakao
30 g Zucker
200 ml Sahne
175 g Zartbitterschokolade (mindestens 70 %)

**ZUBEREITUNG**

1. Die Milch zusammen mit dem Backkakao und dem Zucker in einem mittelgroßen Topf aufkochen. Die Sahne in einem separaten Topf aufkochen lassen und die Kakaomilch unter ständigem Rühren zugeben.
2. Die Zartbitterschokolade grob hacken, mit in den Topf geben, unter erneutem Rühren schmelzen und für einige Minuten bei mittlerer Hitze andicken lassen. Die Sauce am besten noch warm servieren.

## CRANBERRY-SAUCE MIT ORANGE

**ZUTATEN FÜR CA. 1–2 PORTIONEN**

175 g Cranberrys
100 g brauner Zucker
1 EL Vanillezucker
2 Orangen, jeweils Saft (etwa 200 ml) und Abrieb
½ TL Zimt

**ZUBEREITUNG**

Alle Zutaten zusammen in einen mittelgroßen Topf geben und ca. 15 Minuten leicht köcheln lassen, bis die Konsistenz etwas eindickt.

### *Tipp*

Noch heiß in saubere, gut verschließbare Einmachgläser gefüllt, lässt sich die Sauce auch gut vorbereiten und aufbewahren. Ungeöffnet ist ein Glas mehrere Monate haltbar. Zusammen mit selbst gemachter Pannacotta bildet die Sauce den perfekten, schnell gemachten Nachtisch. Hierfür einfach 500 ml Sahne mit dem Mark von 1 Vanilleschote und 50 g Zucker in einem Topf aufkochen lassen und für 15 Minuten köcheln lassen. In den letzten 5 Minuten 1–2 TL Agar-Agar unterrühren, noch heiß in kleine Dessertgläschen füllen und für 3–4 Stunden im Kühlschrank fest werden lassen. Mit der Sauce servieren.

## CREMIGE MARZIPANSAUCE MIT SCHUSS

**ZUTATEN FÜR CA. 3–4 PORTIONEN**

350 ml Milch
1 Eigelb
60 g Zucker
2 TL Speisestärke
75 g Marzipan
½ TL Amaretto

**ZUBEREITUNG**

1. Zunächst 50 ml Milch mit dem Eigelb, dem Zucker und der Speisestärke in einer kleinen Schüssel glattrühren und beiseitestellen.
2. Die restliche Milch in einem mittelgroßen Topf unter ständigem Rühren und unter Beobachtung aufkochen lassen, vom Herd ziehen und die Eigelb-Mischung portionsweise mit einem Schneebesen einrühren.
3. Das Marzipan in kleine Stücke schneiden und ebenfalls unterrühren. Die Sauce bei geringer Hitze etwas andicken lassen, kurz etwas auskühlen lassen, zum Schluss den Amaretto unterrühren und noch warm servieren.

## FEIGEN IN PORTWEIN-GEWÜRZSUD

ZUTATEN FÜR 3-4 PORTIONEN

8–10 frische Feigen
50 g Zucker
175 ml roter Portwein
2 Zimtstangen
1 Gewürznelke
1 Sternanis
1 gestrichener EL Speisestärke
1–2 EL Amaretto (optional)

ZUBEREITUNG

1. Die Feigen gründlich unter fließendem Wasser waschen und in kleine Stücke schneiden. Den Zucker zusammen mit dem Portwein in einem kleinen Topf kurz aufkochen, bis sich der Zucker komplett gelöst hat. Die Gewürze und die Feigenstücke zugeben und für ca. 5–6 Minuten leicht köcheln lassen.
2. Eine kleine Menge der Flüssigkeit entnehmen und in einer kleinen, separaten Schüssel mit der Speisestärke glattrühren. Die Stärkemischung zur restlichen Flüssigkeit in den Topf geben. Den Gewürzsud nochmals für 2–3 Minuten unter gelegentlichem Rühren köcheln lassen, bis dieser etwas eindickt. Den Sud etwas abkühlen lassen und optional Amaretto zugeben.

*Tipp*

Zu den Feigen in Portwein-Gewürzsud passen Pfannkuchen, Pancakes, Germknödel oder eine Kugel Walnusseis.

## CREMIGE ZIMTSAUCE

ZUTATEN FÜR 1-2 PORTIONEN

100 ml Wasser
50 ml Sahne
25 g brauner Zucker
ca. 2 EL Zimtpulver
1 EL Speisestärke

ZUBEREITUNG

Alle Zutaten zusammen in einen kleinen Topf geben, gut verrühren und vorsichtig aufkochen lassen. Je nach gewünschter Konsistenz weitere Minuten einkochen lassen oder schluckweise kleine Mengen Wasser einrühren.

*Tipp*

Die Zimtsauce passt am besten zu lauwarmem Apfelkuchen oder einer einfachen Kugel Vanilleeis.

# DER BESTE HEFETEIG –
## *perfekt für Hefezopf, Babka und Co.*

Richtig guter Hefeteig ist unglaublich wandelbar und gehört für mich unbedingt in mehrfacher Ausführung in die Weihnachtszeit.

ZUTATEN

FÜR Z. B. 1 HEFEZOPF

300 ml Milch
½ Würfel frische Hefe (21 g)
50 g Butter
75 g Zucker
550 g Mehl Type 550
½ TL Salz

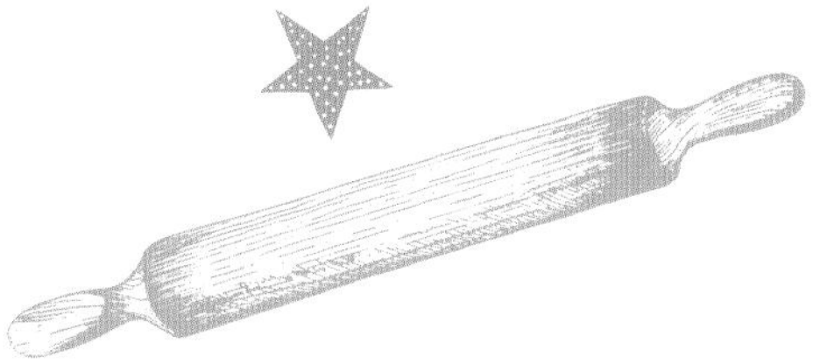

ZUBEREITUNG

1. Die Milch in einem kleinen Topf auf ca. 37 °C erwärmen. Die Hefe mit den Fingern grob zerkleinern, zusammen mit der Butter und dem Zucker zur Milch zugeben und gut verrühren, bis sich die Hefe vollständig aufgelöst hat.
2. Alles in eine große Rührschüssel umfüllen, nach und nach das Mehl und das Salz zugeben und das Ganze mit Hilfe einer Küchenmaschine oder eines Handrührers zu einem Teig kneten. Der Teig sollte sich komplett vom Schüsselboden lösen und die Oberfläche schön glatt sein. Eine weitere große Schüssel leicht fetten, den Teig zu einer Kugel formen und mit Frischhaltefolie oder einem feuchten Tuch abgedeckt ca. 1 Stunde an einem warmen Ort gehen lassen, bis sich sein Volumen in etwa verdoppelt hat.
3. Den Teig auf eine bemehlte Arbeitsfläche geben und je nach Rezept weiterverarbeiten.

## Tipps für gutes Gelingen

- Die optimalen Voraussetzungen für einen guten Hefeteig sind zimmerwarme Zutaten. Am besten also die Butter 1–2 Stunden vorher aus dem Kühlschrank nehmen.
- Damit der Hefeteig gut aufgehen kann, benötigt dieser Wärme und Feuchtigkeit – eine mit Frischhaltefolie abgedeckte Rührschüssel, die etwa vor die Heizung gestellt wird, bietet das optimale Klima.
- Der Teig geht nicht wie erwartet auf? Vielleicht war die Hefe schon etwas älter. Der Frischegrad von Hefe lässt sich einfach feststellen. Hierfür ein Glas mit lauwarmem Wasser füllen und 1 TL Zucker sowie ein kleines Stückchen Hefe zufügen. Schwimmt die Hefe an der Oberfläche und beginnt nach kurzer Zeit aufzuschäumen, ist sie frisch und optimal zur Weiterverarbeitung geeignet. Sinkt sie jedoch nach unten, sollte sie besser entsorgt werden.
- Einfrieren von rohem Hefeteig: Hefeteig kann problemlos noch vor der Gehzeit, etwa in einem Gefrierbeutel, eingefroren werden. Eingefroren ist der Teig ca. 6 Monate haltbar. Vor der Weiterverarbeitung über Nacht im Kühlschrank oder abgedeckt bei Zimmertemperatur auftauen lassen, kurz durchkneten und anschließend etwa 1 Stunde gehen lassen.
- Es ist Hefezopf übriggeblieben? Kein Problem, auf Seite 32 findet sich ein Rezept zur Resteverwertung von Hefezopf.

Für kleine
Törtchen einfach
Kreise ausstechen

# DER BESTE BISKUITTEIG –

## *perfekt für Tortenböden und Biskuitrollen*

Ein fluffiger, perfekt aufgegangener Biskuitboden ist meiner Meinung nach die wichtigste Voraussetzung für eine leckere Torte. Biskuit lässt sich dank seines zurückhaltenden Eigengeschmacks fast endlos mit allerlei Cremes kombinieren und schmeckt sogar im Alleingang als Löffelbiskuits.

**ZUTATEN**
**FÜR 1 BISKUITBODEN**

5 Eier
125 g Zucker
125 g Mehl

**ZUBEREITUNG**

1. Den Backofen auf 180 °C Ober-/Unterhitze vorheizen und den Boden einer Springform (24 cm) mit Backpapier auslegen.
2. Die Eier vorsichtig trennen und das Eigelb beiseitestellen. Das Eiweiß mit Hilfe eines einwandfrei sauberen und fettfreien Handrührgeräts in einer größeren Schüssel steif schlagen und den Zucker portionsweise einrieseln lassen. Die Eigelbe zugeben und vorsichtig unterheben. Zum Schluss das Mehl portionsweise darübersieben und ebenfalls vorsichtig unterheben.
3. Den Teig sofort in die vorbereitete Springform füllen, kurz vorsichtig glattstreichen und für ungefähr 20–25 Minuten goldgelb im Backofen backen. Während des Backvorgangs sollte die Backofentür unbedingt geschlossen bleiben.

### *Tipp*

- Achtung: Die Springform nicht einfetten, sondern lediglich den Boden der Springform mit Backpapier auslegen. Das Fetten verhindert das Aufgehen des Biskuitteiges oder führt dazu, dass dieser in sich zusammenfällt oder sich stark nach oben wölbt.
- Den Biskuitteig sofort nach der Teigherstellung in die Form geben und backen. Vergeht zu viel Zeit zwischen Herstellung und Backvorgang, entweicht die Luft im Biskuitteig und dieser geht nicht auf.
- Ich verwende dieses Biskuitteigrezept für die Böden der Charlotte-Torte auf Seite 98.

# DER BESTE MÜRBTEIG –

## *perfekt für Tartelettes, Tartes und Co.*

Egal ob große Tartes oder kleine, herrlich mürbe Tartelettes: Ein richtig guter Mürbteig, der buttrig-zart auf der Zunge zergeht, gehört in meiner Weihnachtsküche zu den absoluten Basics.

**ZUTATEN FÜR 1 TARTE MIT 24 CM DURCHMESSER ODER 6–8 TARTELETTES**

250 g Mehl
125 g kalte Butter
75 g Zucker
1 Ei

**ZUBEREITUNG**

1. Für den Mürbteig alle Zutaten rasch in einer großen Rührschüssel miteinander verkneten. Den Teig zu einer Kugel formen, in etwas Frischhaltefolie einschlagen und im Kühlschrank für ca. 30 Minuten kaltstellen.
2. Währenddessen eine große Tarteform oder mehrere kleine Tartelettefórmchen einfetten, ein Backblech mit Backpapier auslegen und den Backofen auf 160 °C Umluft vorheizen.
3. Den Teig auf einer bemehlten Arbeitsfläche dünn ausrollen. Die Form(en) damit auslegen und einen Rand hochziehen. Den Boden/die Böden mit einer Gabel mehrere Male einstechen, um beim Backen Luft entweichen zu lassen und Blasenbildung zu vermeiden.
4. Den Boden/die Böden im Backofen für ca. 8–10 Minuten backen, vollständig auskühlen lassen und vorsichtig aus der Form stürzen.

Die perfekte
Teigstärke liegt
bei etwa 5mm.

fröhliche Weihnachten

# DAS BESTE BAISER

Baiser ist ein kleines Schaumgebäck, welches förmlich auf der Zunge zergeht. Es eignet sich zum Dekorieren von Torten oder Tartelettes, als Zutat in Desserts oder einfach als kleine Leckerei zwischendurch.

### ZUTATEN

100 g Eiweiß (Zimmertemperatur; entspricht ca. 4 Eiweiß von Eiern Größe M)
1 Prise Salz
250 g Zucker

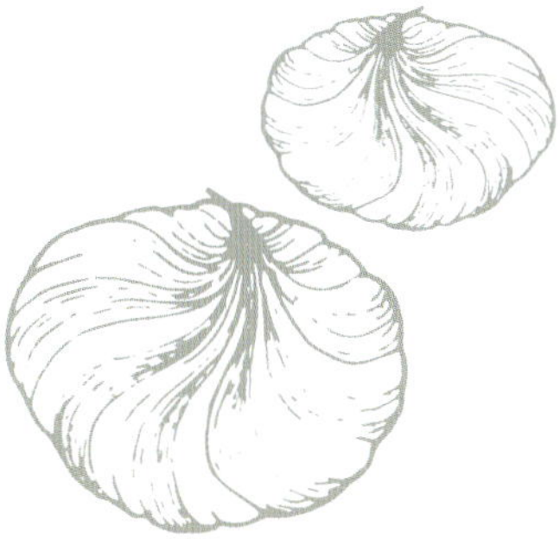

### ZUBEREITUNG

1. Den Backofen auf 100 °C Umluft vorheizen und ein Backblech mit Backpapier auslegen.
2. Das Eiweiß mit dem Salz in eine absolut fettfreie, saubere Rührschüssel geben und mit Hilfe einer Küchenmaschine oder eines Handrührgeräts schaumig aufschlagen. Den Zucker währenddessen langsam einrieseln lassen und für ca. 10 Minuten gleichmäßig auf höchster Stufe weiterschlagen, bis sich die Zuckerkristalle aufgelöst haben, die Baisermasse glänzt und beim Herausziehen des Schneebesens kleine Spitzen stehen bleiben.
3. Die Masse in einen Spritzbeutel mit Sterntülle füllen und kleine Tupfen mit etwas Abstand zueinander auf das mit Backpapier belegte Backblech setzen. Den Backofen auf 75 °C zurückschalten und die Baisers ca. 90 Minuten darin trocknen lassen. Dabei einen Holzlöffel in die Backofentür stecken, um Feuchtigkeit entweichen zu lassen.

## Tipps

- Baisers sollten unbedingt luftdicht verpackt gelagert werden. So ziehen sie keine Feuchtigkeit, behalten ihre unverwechselbare Konsistenz und sind mehrere Monate haltbar.
- Die Baisers sind fertig getrocknet, wenn sie sich gut vom Backpapier lösen lassen und innen hohl klingen.
- Durch Stärkezugabe wird die Baisermasse besonders stabil und standfest.
- Eiweiße bei Zimmertemperatur lassen sich besser aufschlagen. Absolut fettfreie Arbeitsgeräte und -utensilien erleichtern ebenfalls das Aufschlagen.

# FRÜHSTÜCKSIDEEN
## *für deinen Adventsbrunch*

An den Feiertagen nehmen wir uns so oft wie möglich die Zeit, mit unseren Lieben ausgiebig zu frühstücken oder gar zu brunchen. Overnight Oats, Hefezopf oder auch Birchermüsli lassen sich perfekt am Abend zuvor vorbereiten und schmecken auch noch Tage später.

# HEFEZOPF

## *mit Kardamom*

Normalerweise ist mir klassischer Hefezopf ohne Schnickschnack der Liebste. In der Weihnachtszeit hingegen darf er gerne eine ordentliche Portion weihnachtliche Gewürze wie Kardamom und Tonkabohne enthalten.

**ZUTATEN**

**FÜR 1 HEFEZOPF**

300 ml Milch
1 Tonkabohne
8 Kapseln Kardamom
½ Würfel frische Hefe (21 g)
50 g Butter
75 g Zucker
550 g Mehl Type 550
½ TL Salz
1 Ei + 1 EL Milch zum Bestreichen
Hagelzucker zum Bestreuen

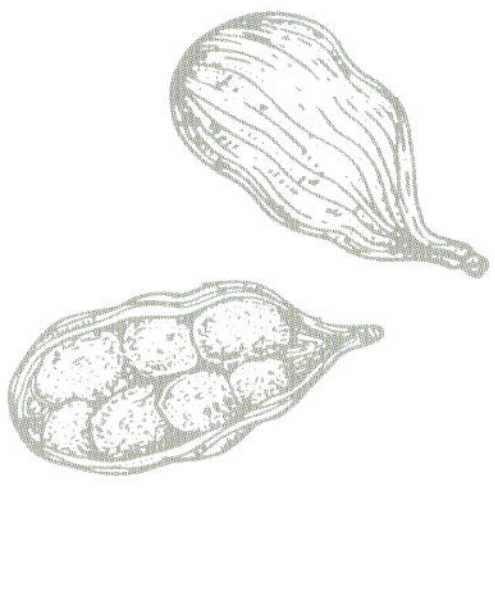

**ZUBEREITUNG**

1. Die Milch in einem kleinen Topf erwärmen. Die Tonkabohne mit Hilfe einer Muskatreibe reiben. Die Kardamomkapseln mit dem Mörser zerstoßen und die Hüllen entfernen. Die Kerne fein mörsern und mit der geriebenen Tonkabohne zur Milch in den Topf geben. Diese zusammen mit den Gewürzen für ca. 10 Minuten ziehen lassen, durch ein feines Küchensieb abgießen, die Flüssigkeit dabei auffangen und auf 37 °C abkühlen lassen.
2. Die Hefe mit den Fingern grob zerkleinern, zusammen mit der Butter und dem Zucker zur Milch zugeben und gut verrühren, bis sich die Hefe vollständig aufgelöst hat.
3. Alles in eine große Rührschüssel umfüllen, nach und nach das Mehl und das Salz zugeben und das Ganze mit Hilfe einer Küchenmaschine oder eines Handrührers zu einem Teig kneten. Der Teig sollte sich komplett vom Schüsselboden lösen und die Oberfläche schön glatt sein. Eine weitere große Schüssel leicht fetten, den Teig zu einer Kugel formen und darin mit Frischhaltefolie oder einem feuchten Tuch abgedeckt ca. 1 Stunde an einem warmen Ort gehen lassen, bis sich sein Volumen in etwa verdoppelt hat.
4. Den Teig auf eine bemehlte Arbeitsfläche geben und zu einem dicken Strang formen. Daraus mit Hilfe einer Teigkarte drei Stränge abteilen; diese wiederum zu einem dicken Zopf flechten und die Enden einschlagen. Den Zopf auf ein mit Backpapier belegtes Backblech setzen, mit einem sauberen Küchentuch abdecken und weitere 15 Minuten gehen lassen, bis sich das Volumen ungefähr verdoppelt hat.
5. Den Backofen auf 180 °C Umluft vorheizen. Den Teig mit einem verquirlten Ei und etwas Milch einstreichen und mit Hagelzucker bestreuen. Den Zopf für 20–25 Minuten backen.

# HEFEZOPF-AUFLAUF

## *mit Zimtmilch*

In der Regel bleibt bei uns bei Gebäck und Kuchen jeglicher Art nie etwas übrig. Passiert das aber doch einmal, nutze ich die Chance und mache aus übrig gebliebenen Hefezopfstücken diesen herrlichen Auflauf mit Zimtmilch. Der Hefezopf hierfür darf gerne bereits ein paar Tage alt und etwas trockener sein.

### ZUTATEN

**FÜR 3–4 PORTIONEN**

etwas Butter zum Einfetten
ca. 350 g altbackener Hefezopf
250 ml Milch
250 ml Sahne
1 TL Zimt
75 g brauner Zucker
1 EL Vanillezucker
1 Prise Salz
2 Eier
gehobelte Mandeln oder Haselnüsse zum Bestreuen
etwas Puderzucker zum Bestreuen (optional)

### ZUBEREITUNG

1. Den Backofen auf 180 °C Ober-/Unterhitze vorheizen und eine Auflaufform mit den Maßen 20 × 30 cm mit etwas Butter leicht einfetten.
2. Den trockenen Hefezopf in kleine Würfel oder Scheiben schneiden und in die Auflaufform geben.
3. Alle weiteren Zutaten bis auf die Eier in einen mittelgroßen Topf geben, erwärmen und für 10–15 Minuten bei geringer Hitze ziehen lassen. Die Flüssigkeit etwas abkühlen lassen und die Eier unterrühren. Die Mischung über die Würfel oder Scheiben geben, sodass diese gut bedeckt sind.
4. Den Auflauf mit den gehobelten Mandeln bestreuen und für 30–40 Minuten backen. Den Auflauf aus dem Backofen holen, sobald die Masse gestockt ist und der Zopf etwas Farbe angenommen hat. Nach Belieben mit etwas Puderzucker bestreuen und noch warm servieren.

### *Tipp*

Alternativ zum altbackenen Hefezopf können auch Toastbrot, Milchbrötchen oder Brioche verwendet werden. Zum noch warmen Auflauf passen beispielsweise eine Kugel Vanilleeis oder die Vanillesauce von Seite 17.

Besonders saftig
durch Kaffeesirup

# SCHOKO-BABKA

## *mit Kaffeesirup*

Diese herrlich saftige, schokoladige Babka ist genau das Richtige für verschneite Feiertage und wird bei uns zu jeder Tageszeit gerne gegessen. Durch das Tränken in Kaffeesirup ist der Teig besonders saftig und aromatisch und bleibt lange frisch.

### ZUTATEN
FÜR 1 SCHOKO-BABKA

#### TEIG
1 Portion Hefeteig
(Rezept Seite 20)
Mehl zum Arbeiten

#### FÜLLUNG
125 g Nougat
100 g Zartbitterschokolade
40 g Butter
50 ml Sahne
50 g gehobelte Haselnusskerne

#### SIRUP
1 Vanilleschote
150 g Zucker
150 ml frischer Kaffee

### ZUBEREITUNG

1. Den Hefeteig wie auf Seite 21 beschrieben zubereiten.
2. Während der Teig geht, die Füllung zubereiten. Hierfür das Nougat und die Zartbitterschokolade in grobe Stücke schneiden, zusammen mit der Butter und der Sahne über einem heißen Wasserbad schmelzen und miteinander verrühren.
3. Den aufgegangenen Hefeteig kurz durchkneten und auf einer bemehlten Arbeitsfläche zu einem Rechteck von etwa 40 × 30 cm ausrollen. Die Creme auf das Teigrechteck streichen und seitlich einen Rand von etwa 1,5 cm aussparen. Den Teig stramm von der längeren Seite her aufrollen. Die Teigrolle bis auf wenige Zentimeter am Ende mit einem scharfen Messer längs halbieren. Beide Hälften miteinander verzwirbeln und die Teigenden nach unten einschlagen.
4. Den Backofen auf 180 °C Umluft vorheizen und eine Kastenform einfetten oder mit Backpapier auskleiden. Die Babka vorsichtig in die Kastenform legen, abgedeckt nochmals 30 Minuten gehen lassen und mit gehobelten Haselnusskernen bestreuen.
5. Die Babka 40 Minuten goldbraun backen. Parallel dazu den Kaffeesirup herstellen. Hierfür die Vanilleschote mit einem Messer auskratzen und das Vanillemark zusammen mit dem Zucker und dem frischen Kaffee in einem mittelgroßen Topf verrühren, aufkochen und so lange leicht sprudelnd köcheln lassen, bis der Sirup eindickt. Den Sirup beiseitestellen und auskühlen lassen.
6. Die Babka aus dem Backofen holen, aus der Kastenform nehmen und sofort mit dem Sirup übergießen. Anschließend auskühlen lassen.

# WEIHNACHTLICHE FRÜHSTÜCKSKEKSE

## *mit Cranberrys und Kernen*

Diese Frühstückskekse sind schnell zusammengerührt und eignen sich sowohl als schnelles Frühstück wie auch als kleine Nascherei für zwischendurch. Mit Cranberrys und einer ordentlichen Prise Zimt sind sie zudem auch das perfekte Mitbringsel zur Weihnachtszeit.

**ZUTATEN**

**FÜR CA. 16 KEKSE**

100 g Haferflocken
100 g gemahlene Mandeln
1 TL Zimt
1–2 Prisen gemahlener Kardamom
50 g Sonnenblumenkerne
30 g Chiasamen
50 g Kürbiskerne
60 g getrocknete Cranberrys
125 g Ahornsirup
60 g Mandelmus
1 Ei

**ZUBEREITUNG**

1. Den Backofen auf 150 °C Umluft vorheizen und ein Backblech mit Backpapier auslegen.
2. Alle trockenen Zutaten in einer großen Schüssel gründlich verrühren. Den Ahornsirup, das Mandelmus und das Ei zugeben und alles zu einer gleichmäßig feuchten, kernigen Masse vermischen.
3. Mit feuchten Händen kleine, etwa walnussgroße Kugeln formen, diese mit Abstand zueinander auf das mit Backpapier belegte Backblech setzen und mit der Handfläche platt drücken.
4. Die Kekse ca. 13–15 Minuten backen und anschließend auf einem Kuchengitter vollständig abkühlen lassen.

### *Tipp*

Frische Cranberrys im Backofen trocknen: Den Backofen auf etwa 50–60 °C Ober-/Unterhitze vorheizen. Frische Cranberrys unter fließendem Wasser waschen, vorsichtig trockentupfen und halbieren. Die Hälften mit der Hautseite nach unten auf einem mit Backpapier belegtem Backblech verteilen und für ungefähr 10 Stunden im Backofen trocknen. Um Feuchtigkeit während des Trocknens entweichen zu lassen, die Backofentür unbedingt einen Spalt weit offen stehen lassen. Hierfür am besten einen Kochlöffel aus Holz in die Tür klemmen.

# ZIMTKRINGEL

Diese Zuckerkringel werden mit einfachem Hefeteig hergestellt und kurz vor sowie direkt nach dem Backen mit Butter bestrichen. Das macht den Teig herrlich aromatisch und verleiht ihm eine ganz besonders buttrige Note.

**ZUTATEN**

1 Portion Hefeteig (Rezept Seite 20)
200 g zimmerwarme Butter
100 g Zucker zum Wälzen
1 TL Zimt zum Wälzen

**ZUBEREITUNG**

1. Den Hefeteig wie auf Seite 21 beschrieben zubereiten. Ein Backblech mit Backpapier auslegen.
2. Nach Ende der Gehzeit den Hefeteig auf eine bemehlte Arbeitsfläche geben und zu einem Rechteck von etwa 30 × 40 cm ausrollen. Die Hälfte des ausgerollten Teiges mit etwa 100 g zimmerwarmer Butter bestreichen und die andere Teighälfte darüberlegen.
3. Die gefaltete Teigplatte nun in ca. 1,5 cm breite Streifen schneiden, diese ineinander verdrehen, zu einem Ring formen und mit etwas Abstand zueinander auf das mit Backpapier belegte Backblech setzen. Die Ringe nochmals für ca. 30 Minuten abgedeckt gehen lassen.
4. Den Backofen auf 180 °C Umluft vorheizen und die Kringel für ca. 12–15 Minuten goldbraun backen. Währenddessen den Zucker und den Zimt vermischen, die restlichen 100 g Butter in einem kleinen Topf schmelzen, die Kringel noch heiß damit bestreichen und sofort danach kopfüber in den Zucker tauchen. Die Zuckerkringel auf einem Kuchengitter auskühlen lassen.

## *Haltbarkeit*

Die Zuckerkringel schmecken am besten, wenn sie ganz frisch und noch etwas lauwarm sind. Luftdicht verpackt halten sie sich etwa 2–3 Tage.

# LEBKUCHEN-OVERNIGHT-OATS

## *mit Orange*

Overnight Oats sind das perfekte Frühstück, wenn es morgens richtig schnell gehen soll. Sie lassen sich am Vorabend zubereiten und weichen über Nacht im Kühlschrank ein. Am nächsten Morgen kann dann direkt aus dem Glas gegessen werden. Kombiniert mit weihnachtlichen Gewürzen und der angenehmen Säure der Orangen sind sie eine gut vorzubereitende Ergänzung für den Weihnachtsbrunch mit der Familie.

**ZUTATEN**
**FÜR 2 PORTIONEN**

50 g Mandeln
1 Bio-Orange
50 g zarte Haferflocken
200 ml Milch
1 EL brauner Zucker
1 TL Kakaopulver
¼ TL Lebkuchengewürz

**ZUBEREITUNG**

1. Die Mandeln grob hacken und die Schale der Bio-Orange abreiben. Die Orange schälen und das Fruchtfleisch filetieren.
2. Gehackte Mandeln, Orangenabrieb, Haferflocken, Milch, braunen Zucker, Kakaopulver und Lebkuchengewürz in eine Schüssel geben und gut miteinander vermengen.
3. Die Orangenfilets auf zwei saubere, gut verschließbare Einmachgläser verteilen und das Haferflockengemisch darübergeben. Alles über Nacht in den Kühlschrank stellen und gut durchziehen lassen. Am nächsten Morgen kurz durchrühren und genießen.

### *Haltbarkeit und Aufbewahrung*

Die Overnight Oats sollten stets im Kühlschrank aufbewahrt werden.
Hier halten sie sich ungefähr zwei Tage.

### *Tipp*

**LEBKUCHENGEWÜRZ SELBST MACHEN**

Dafür 3 EL Zimt, 10 g Nelkenpulver, 1 TL Piment, 1 TL Muskat, 2 TL Kardamom und ¼ TL Ingwerpulver in einem leistungsstarken Mixer zerkleinern oder mit einem Mörser fein zerstoßen und in ein sauberes, gut verschließbares Glas füllen. Das Lebkuchengewürz sollte kühl und trocken gelagert werden. Es kann für weihnachtliches Gebäck und winterliche Desserts verwendet werden.

# PORRIDGE

## *mit karamellisierten Birnen*

Ein leckeres Porridge mit wärmender Vanille und fruchtig-süßer Birne.

**ZUTATEN**

**FÜR 1–2 GROẞE PORTIONEN**

1 Birne
2 EL Butter
2 EL brauner Zucker
1 TL Zimt
1 Vanilleschote
75 g kernige Haferflocken
300 ml Milch
1 EL Backkakao
1 Prise Salz
1–2 EL gehobelte Haselnüsse

**ZUBEREITUNG**

1. Die Birne gründlich waschen, halbieren und entkernen. Die Butter in einem kleinen Topf schmelzen. Die halbierten Birnen, den braunen Zucker und ½ TL Zimt zugeben und einige Minuten bei mittlerer Hitze dünsten, bis die Birne beginnt weich zu werden und der Zucker etwas karamellisiert.
2. Die Vanilleschote aufschneiden, das Mark herauskratzen und zusammen mit den Haferflocken, der Milch, ½ TL Zimt, dem Backkakao und dem Salz in einen mittelgroßen Topf geben und kurz aufkochen lassen.
3. Das Porridge ca. 8–10 Minuten bei geringer Hitze und geschlossenem Deckel ziehen lassen und dabei gelegentlich umrühren.
4. Das noch heiße Porridge auf zwei Schüsseln verteilen, die karamellisierten Birnenhälften daraufgeben, mit den gehobelten Haselnüssen garnieren und sofort servieren.

# ZIMTSCHNECKEN-PANCAKES

## *mit schneller Apfelsauce*

Diese Pancakes lassen keine Frühstückswünsche offen: schnell hergestellter, fluffiger Teig, zimtiger Swirl im Inneren, gepaart mit fruchtiger Apfelsauce.

ZUTATEN
FÜR 2–3 PORTIONEN

TEIG
250 g Mehl
1 TL Backpulver
50 g Zucker
3 Eier
200 ml Milch

FÜLLUNG
2–3 TL Zimt

APFELSAUCE
1-2 Äpfel
50 g Walnüsse
etwas Pflanzenöl
2–3 EL brauner Zucker
50 ml Apfelsaft
75 ml Ahornsirup

ZUBEREITUNG

1. Zunächst die trockenen Zutaten, also Mehl, Backpulver und Zucker, in einer größeren Schüssel mischen. Dann die Eier und die Milch zugeben und alles rasch zu einem glatten Teig verrühren. Den Teig 10–15 Minuten ruhen lassen.
2. In der Zwischenzeit die Zimtschneckenfüllung herstellen. Ca. 50 g des Teiges in eine separate Schüssel geben und mit dem Zimt vermengen. Die fertige Füllung in einen Spritzbeutel mit schmaler Tülle füllen.
3. Für die Apfelsauce die Äpfel schälen, entkernen und in mundgerechte Würfel schneiden. Die Walnüsse hacken. Etwas Öl in einer beschichteten Pfanne erhitzen und die Apfelwürfel zusammen mit den gehackten Walnüssen erhitzen. Den braunen Zucker darüberstreuen und unter gelegentlichem Umrühren etwas karamellisieren lassen. Den Apfelsaft zugeben und etwas einreduzieren lassen. Zum Schluss den Ahornsirup zugeben und gut unterrühren. Die Sauce jetzt bei geringer Hitze für 10–15 Minuten sirupartig einkochen lassen.
4. Den Backofen auf 60 °C Umluft vorheizen.
5. Jetzt etwas neutrales Öl in eine beschichtete Pfanne geben, 2–3 EL Teig hineingeben und zu einem Durchmesser von etwa 10 Zentimeter zusammenlaufen lassen. Sobald der Teig an der Unterseite beginnt, fest zu werden, die Oberfläche aber noch flüssig ist, die Zimtschneckenfüllung spiralförmig aufspritzen.
6. Den Pancake wenden, sobald dieser an der Oberfläche kleine Blasen wirft, fertig ausbacken, herausnehmen und im vorgeheizten Backofen, mit etwas Alufolie bedeckt, warmhalten. So weiter verfahren, bis der Teig aufgebraucht ist. Die Pancakes mit der noch warmen Apfelsauce servieren.

# HASELNUSSCREME

Durch die leichten Röstaromen der Haselnüsse schmeckt die Creme wunderbar intensiv. Eine kleine Prise Zimt gibt ihr den weihnachtlichen Touch.

**ZUTATEN FÜR 300 G**

125 g Vollmilchschokolade
200 g Haselnusskrokant
2 EL neutrales Öl
50 ml Sahne
2 EL Kakao

**ZUBEREITUNG**

1. Die Schokolade über einem Wasserbad vorsichtig schmelzen.
2. Alle Zutaten in einen leistungsstarken Mixer geben und zu einer homogenen Masse verarbeiten. Im Kühlschrank aufbewahrt ist der Aufstrich ca. 2–3 Wochen haltbar. Am besten 20 Minuten vor Verzehr aus dem Kühlschrank nehmen.

# GEBRANNTE-MANDEL-CREME

Kein Weihnachtsmarktbesuch ohne eine große Spitztüte mit gebrannten Mandeln. Mit dieser Creme hole ich mir jeden Morgen den Weihnachtsmarkt direkt auf den Frühstückstisch.

**ZUTATEN FÜR 300 G**

250 g gebrannte Mandeln
75 ml neutrales Öl
1–2 Prisen Zimt

**ZUBEREITUNG**

Alle Zutaten in einem leistungsstarken Mixer zu einer homogenen Masse verarbeiten und in ein sauberes, gut verschließbares Glas füllen. Im Kühlschrank aufbewahrt ist der Aufstrich ca. 2–3 Wochen haltbar. Am besten 20 Minuten vor dem Verzehr aus dem Kühlschrank nehmen.

# SCHNELLE ZIMTBUTTER

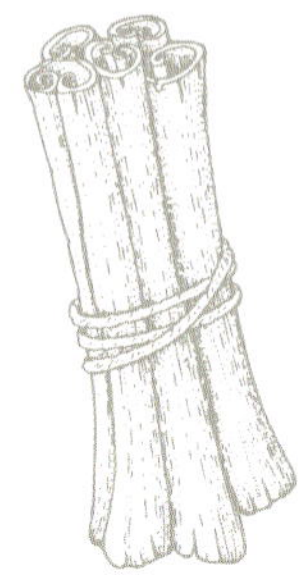

Die wohl beste Art, einen frischen Hefezopf zu essen, ist mit Zimtbutter.

**ZUTATEN**

**FÜR CA. 150 G**

150 g weiche Butter
1–2 EL Ahornsirup
½ TL Zimt

**ZUBEREITUNG**

Alle Zutaten miteinander verrühren, in eine kleine Schale umfüllen und bis zum Verzehr im Kühlschrank kaltstellen. Dort ist die Zimtbutter 2–3 Tage haltbar.

# *Weihnachtliches* BIRCHERMÜSLI

Kein Adventsbrunch ohne ein weihnachtliches Birchermüsli. Der Großteil des Müslis kann einfach am Vorabend vorbereitet werden. Entspannter geht es kaum.

**ZUTATEN**

**FÜR 4 PORTIONEN, BENÖTIGT VORBEREITUNG**

75 g Datteln
Zesten von 1 Bio-Orange
100 g zarte Haferflocken
250 ml naturtrüber Apfelsaft
25 g Rosinen
1–2 EL Mandelstifte
¼ TL Zimt
1 fester, süß-säuerlicher Apfel
1–2 TL Zitronensaft
175 g Naturjoghurt
2–3 EL gebrannte Mandeln
2 EL heller, milder Honig

**ZUBEREITUNG**

1. Am Vorabend die Datteln in kleine Stücke schneiden und die Schale der Orange in Zesten abziehen. In einer Schüssel Haferflocken, Apfelsaft, Rosinen, Mandelstifte sowie Zimt verrühren. Die Datteln und die Orangenzesten untermischen und alles abgedeckt im Kühlschrank über Nacht durchziehen lassen.
2. Am nächsten Morgen den Apfel waschen, entkernen, raspeln und mit dem Zitronensaft vermischen. Den geraspelten Apfel unter die Haferflockenmasse mischen und auf vier Schälchen verteilen. Den Naturjoghurt dazugeben. Die gebrannten Mandeln hacken, das fertige Birchermüsli damit toppen und etwas Honig obenauf geben.

Selbst gemachte Knödel aus
wenigen Zutaten lassen
sich im Vorraus zubereiten,

# GAUMENSCHMAUS
## *für die Festtage und alle Tage drum herum*

Zum Essen kommen an den Feiertagen alle Familienmitglieder zusammen. Wir lassen es uns gut gehen, essen ausgiebig und genießen die gemeinsame Zeit. Traditionsgerichte werden bei uns immer mehr von rein vegetarischen Alternativen abgelöst.

# GERÖSTETE LAUGENKNÖDEL

## *in Pilzragout*

Leckere Semmelknödel dürfen bei mir in der Vorweihnachtszeit nicht fehlen. Diese lassen sich bereits Tage vorher vorbereiten und einfrieren.

**ZUTATEN**
**FÜR 4 PORTIONEN**

3–4 Schalotten
etwas Öl
150 g altbackene Brezel vom Vortag
60 g Butter
250 g Mehl
4 Eier
60 ml Mineralwasser
½ TL Salz + mehr zum Würzen
50 g getrocknete Pilze
400 g frische, gemischte Pilze
1–2 Knoblauchzehen
150 ml Weißwein
250 ml Gemüsebrühe
400 ml Sahne
Pfeffer
etwas Speisestärke (optional)

**ZUBEREITUNG**

1. 1–2 Schalotten schälen, klein schneiden und in etwas Öl andünsten. Die Brezel in kleine Stücke schneiden.
2. Die Butter in einem kleinen Topf vorsichtig schmelzen. Die geschmolzene Butter, das Mehl, die Eier, das Mineralwasser und das Salz in eine große Rührschüssel geben und mit einem Holzkochlöffel zügig zu einem glatten Teig verarbeiten, der zäh vom Löffel fällt. Dann die Brezelstücke und die gedünsteten Schalotten unter den Teig heben. Die Masse ca. 30 Minuten ziehen lassen. Währenddessen für das Pilzragout die getrockneten Pilze mit heißem Wasser übergießen und für ca. 30 Minuten einweichen lassen.
3. Salzwasser in einem großen Topf zum Kochen bringen und anschließend die Temperatur herunterschalten. Mit angefeuchteten Händen aus dem Knödelteig 20 kleine Knödel formen. Diese vorsichtig in das simmernde Salzwasser geben und für ca. 15 Minuten ziehen lassen, herausnehmen und kurz abtropfen lassen.
4. Während die Knödel ziehen, die frischen Pilze putzen und in kleine Würfel schneiden. Die restlichen Schalotten und die Knoblauchzehen schälen, fein würfeln und in etwas Öl in einer beschichteten Pfanne andünsten. Die getrockneten, eingeweichten Pilze aus dem Wasser nehmen, vorsichtig ausdrücken und mit in die Pfanne geben. Den Pfanneninhalt mit dem Weißwein ablöschen und diesen etwas einreduzieren lassen. Alles mit Gemüsebrühe und Sahne aufgießen und mit Salz und Pfeffer abschmecken. Bei Bedarf das Ragout mit etwas Stärke andicken lassen. Hierfür etwas Stärke mit 1–2 EL der Sauce in einem separaten Gefäß verrühren, in die Sauce einrühren und diese kurz aufkochen lassen.
5. Das Ragout auf tiefe Teller verteilen, die Knödel zugeben und noch heiß servieren.

# RISONI IN SAHNESAUCE

## *mit Haferbällchen und Mandeln*

Die kleinen Nudeln erinnern in Form und Geschmack etwas an Reis und lassen sich auch genauso zubereiten.

**ZUTATEN**

**FÜR CA. 4 PORTIONEN**

175 g Haferflocken
100 ml lauwarme Milch
4 Schalotten
1 Knoblauchzehe
150 g Parmesan
½ Bund Petersilie
½ TL Senf
1 Ei
1 TL Paprikapulver
Salz und Pfeffer
50 g Semmelbrösel zum Wälzen
neutrales Öl
500 g Risoni
750 ml Gemüsebrühe
100 ml trockener Weißwein
50 g gehobelte Mandeln
100 ml Sahne
200 g frischer Blattspinat

**ZUBEREITUNG**

1. Für die Haferbällchen zunächst die Haferflocken zusammen mit der lauwarmen Milch in eine Schüssel geben, durchrühren und für etwa 5 Minuten abgedeckt ziehen lassen. In der Zwischenzeit 1 Schalotte und die Knoblauchzehe schälen und in sehr feine Würfel schneiden. 50 g Parmesan reiben und die Petersilie fein hacken.
2. Die Schalotten- und die Knoblauchwürfel zusammen mit dem Senf, dem Parmesan, der Petersilie, dem Ei und dem Paprikapulver zu den gequollenen Haferflocken in die Schüssel geben, nochmals gut vermengen und mit Salz und Pfeffer abschmecken.
3. Mit angefeuchteten, kalten Händen aus der Masse kleine Bällchen formen und diese in den Semmelbröseln wälzen. Etwas neutrales Öl in einer beschichteten Pfanne erhitzen und die Bällchen darin für mehrere Minuten goldgelb anbraten.
4. Für die Risoni als Erstes 3 Schalotten schälen und in kleine Würfel schneiden. Etwas neutrales Öl in einem mittelgroßen Topf erhitzen und die Schalotten darin glasig andünsten. Die Risoni zugeben, kurz mitdünsten und mit der Gemüsebrühe und dem Weißwein ablöschen. Bei geschlossenem Deckel und mittlerer Hitze für 15–20 Minuten köcheln lassen, bis die Risoni gar sind.
5. Die gehobelten Mandeln in der Zwischenzeit in einer beschichteten Pfanne ohne Fett anrösten, bis sie goldbraun sind.
6. Den restlichen Parmesan reiben und zusammen mit der Sahne unter die Nudeln heben. Den Blattspinat waschen, putzen und ebenfalls kurz unterheben, bis er etwas in sich zusammenfällt.
7. Alles mit Salz und Pfeffer abschmecken und noch heiß zusammen mit den Haferbällchen und den gerösteten Mandeln servieren.

# TRÜFFELPASTA

## mit Ziegenfrischkäse

Diese cremige Trüffelpasta ist ein typisches Feierabendgericht. Mit nur wenigen Zutaten und geringem Zeitaufwand entsteht in nur wenigen Schritten ein echtes Wohlfühlessen.

**ZUTATEN**

**FÜR 3–4 PORTIONEN**

500 g Spaghetti
2 Schalotten
etwas Butter zum Anschwitzen
125 ml Weißwein
3 Eier
125 g Parmesan
ca. 40 g Trüffel
100 g milder Ziegenfrischkäse
50 ml Sahne
etwas Trüffelöl (optional)

**ZUBEREITUNG**

1. Die Spaghetti nach Packungsanweisung zubereiten.
2. Während die Spaghetti kochen, die Schalotten schälen und in kleine Würfel schneiden. Etwas Butter in einer beschichteten Pfanne erhitzen, die Schalottenwürfel darin glasig anschwitzen. Alles mit Weißwein ablöschen, kurz einkochen lassen und zum Abkühlen vom Herd nehmen.
3. Die Eier trennen und das Eigelb beiseitestellen; das Eiweiß kann anderweitig verwendet werden (z. B. für Baiser, Rezept Seite 27). Den Parmesan reiben. Ungefähr die Hälfte des Trüffels fein reiben und in einer kleinen Schüssel mit dem Parmesan, dem Ziegenfrischkäse, der Sahne und dem Eigelb gründlich verrühren. Die Mischung unter die abgekühlten Schalottenwürfel rühren.
4. Die Spaghetti durch ein Küchensieb abgießen, kurz ausdampfen lassen, mit in die Pfanne geben und nochmals gut durchmischen. Die Trüffelspaghetti auf Teller verteilen, den restlichen Trüffel frisch darüberreiben, optional etwas Trüffelöl darüberträufeln und servieren.

### Tipps

Bei Pasta-Gerichten, bei denen die Nudeln die größte Komponente auf dem Teller sind, verwende ich pro Person 125 g trockene Nudeln.

# BIRNEN

## *mit Gorgonzolacreme und Walnüssen*

Eine der absolut leckersten Vorspeisen, die ich kenne. Fruchtige Birnenhälften in Knoblauch treffen hier auf cremige Gorgonzolacreme und knackigen Walnusscrunch.

**ZUTATEN**

**FÜR 4 PORTIONEN ALS VORSPEISE**

4 reife Birnen
2–3 Knoblauchzehen
etwas neutrales Öl
100 g milder Gorgonzola
100 g Frischkäse
2 EL Honig
2–3 Thymianzweige
75 g Walnusshälften
Salz und Pfeffer

**ZUBEREITUNG**

1. Den Backofen auf 180 °C Ober-/Unterhitze vorheizen.
2. Die Birnen waschen, halbieren und das Kerngehäuse vorsichtig mit einem kleinen Löffel entfernen. Die Birnenhälften mit der Schnittfläche nach oben auf ein mit Backpapier belegtes Backblech setzen.
3. Die Knoblauchzehen schälen und sehr fein hacken, mit etwas Öl verrühren und die vorbereiteten Birnenhälften damit bestreichen. Den Gorgonzola in kleine Würfel schneiden. Den Gorgonzola, den Frischkäse und den Honig in einer Schüssel vermengen. Die Thymianblättchen von den Stielen abziehen und die Walnusshälften grob hacken. Die Thymianblättchen und zwei Drittel der gehackten Walnusshälften mit in die Schüssel geben und alles mit Salz und Pfeffer abschmecken.
4. Die Gorgonzolacreme und die restlichen Walnüsse auf den Birnenhälften verteilen und diese für 20 Minuten im Backofen backen. Am besten noch heiß genießen.

*Tipp*

Der Feigensenf von Seite 135 passt perfekt dazu.

# KÄSEKNÖDEL

## *mit Salbeibutter*

Das Grundrezept meiner Semmelknödel, verfeinert mit einer ordentlichen Portion Bergkäse, dazu geschmolzene Butter und aromatischer Salbei.

**ZUTATEN**
**FÜR 4 PORTIONEN**

**KNÖDEL**
250 g Brötchen vom Vortag
200 g kräftiger Bergkäse
1–2 Schalotten
etwas neutrales Öl zum Anbraten
125 g Butter
500 g Mehl
7 Eier
125 ml Mineralwasser
1 TL Salz + etwas für das Kochwasser

**SALBEIBUTTER**
75 g Butter
15 frische Salbeiblätter
Salz und Pfeffer

**ZUBEREITUNG**

1. Die Brötchen klein schneiden und den Bergkäse in Würfel schneiden. Die Schalotten schälen, in kleine Würfel schneiden und in etwas Öl andünsten.
2. Die Butter in einem kleinen Topf vorsichtig schmelzen. Geschmolzene Butter, Mehl, Eier, Mineralwasser und Salz in eine große Rührschüssel geben und mit einem Holzkochlöffel zügig zu einem glatten Teig verarbeiten, der zäh vom Löffel fällt. Dann die Brötchen, den Bergkäse und die Schalotten unter den Teig heben. Die Masse ca. 30 Minuten ziehen lassen.
3. Salzwasser in einem großen Topf zum Kochen bringen und anschließend die Temperatur herunterschalten. Mit angefeuchteten Händen aus dem Knödelteig 15 kleine Knödel formen. Diese vorsichtig in das simmernde Salzwasser geben und für 15–20 Minuten ziehen lassen, herausnehmen und kurz abtropfen lassen.
4. Währenddessen die Butter für die Salbeibutter in einer beschichteten Pfanne schmelzen. Die Salbeiblätter zugeben und kurz ziehen lassen, bis diese ihr Aroma entfalten. Die Käseknödel zugeben und von allen Seiten anbraten. Die Knödel auf Teller verteilen und sofort mit der restlichen heißen, gebräunten Butter und den Salbeiblättern übergießen.

# WIRSINGPÄCKCHEN

## *in Cidrecreme*

Diese vegetarischen Wirsingpäckchen sind mit Kartoffeln und Maronen gefüllt und werden in viel sahnig-fruchtiger Cidrecreme im Backofen fertig gebacken. Sie duften so gut, dass man am liebsten mit einem Glas leckerem Cidre vor dem Backofen stehen bleibt und wartet, bis sie endlich fertig sind.

ZUTATEN
FÜR 2–3 PORTIONEN

WIRSINGPÄCKCHEN
300 g vorwiegend festkochende Kartoffeln
2 Schalotten
2 Knoblauchzehen
etwas neutrales Öl
200 g Maronen, vakuumiert und vorgekocht
1 Bund Petersilie
Salz und Pfeffer
1 Prise Muskat
1 mittelgroßer Wirsing

CIDRECREME
2 Knoblauchzehen
1–2 Schalotten
etwas neutrales Öl
2–3 Zweige frischer Thymian
1–2 TL süßer Senf
150 ml Cidre
200 ml Sahne
25 g Parmesan
Salz und Pfeffer

AUßERDEM
Küchengarn

ZUBEREITUNG

1. Die Kartoffeln schälen und mit einer etwas feineren Küchenreibe in eine Schüssel reiben. Die Schalotten und die Knoblauchzehen schälen und in kleine Würfel schneiden. Etwas Öl in einer beschichteten Pfanne erhitzen und die Knoblauch- und Schalottenwürfel darin glasig andünsten. Die Maronen fein hacken, zusammen mit den geriebenen Kartoffeln in die Pfanne geben und für einige Minuten mitdünsten.
2. Die Petersilie kurz unter fließendem Wasser abbrausen, trockenschütteln, fein hacken, mit den restlichen Zutaten in der Pfanne vermengen und alles mit Salz, Pfeffer und etwas Muskat abschmecken.
3. Die äußeren Blätter des Wirsings in kochendem Salzwasser für ca. 60 Sekunden blanchieren, herausnehmen und in kaltem Wasser abschrecken. Den etwas härteren Strunk am Ende jedes Blattes mit einem scharfen Messer herausschneiden.
4. Jeweils 2 EL der Füllung mittig auf die Wirsingblätter geben, diese stramm aufrollen und dabei die Seiten einschlagen. Alles mit Küchengarn fixieren und in etwas Öl in einer beschichteten Pfanne scharf anbraten.
5. Den Backofen auf 180 °C Ober-/Unterhitze vorheizen.
6. Für die Cidrecreme die Knoblauchzehen und die Schalotten schälen und in kleine Würfel schneiden. Etwas Öl in einem kleinen Topf erhitzen und beides darin kurz glasig andünsten. Die Thymianzweige und den süßen Senf zugeben und kurz mitdünsten. Alles schluckweise mit Cidre ablöschen und etwas einkochen lassen. Mit Sahne auffüllen und den Parmesan unter Rühren darin schmelzen lassen. Den Thymian entfernen und die Cidrecreme mit Salz und Pfeffer abschmecken.
7. Die Wirsingpäckchen in eine gefettete, ofenfeste Form geben, die Cidrecreme drum herum verteilen und für 20–30 Minuten in den Backofen geben.

# SESAMGALETTE

## *mit Ricotta-Meerrettichcreme und Birnenscheiben*

Der Teig einer guten Galette ist herrlich buttrig und wunderbar mürbe – zusammen mit Ricotta, Meerrettich und saftigen Birnenscheiben einfach perfekt!

**ZUTATEN**
**FÜR 2 GALETTES**

**TEIG**
300 g Mehl
150 g Butter
2–3 EL Milch
1 Ei
¼ TL Salz

**BELAG**
200 g Ricotta
30 g Sahne-Meerrettich
1–2 TL milder, heller Honig
Salz und Pfeffer
1–2 reife, süße Birnen

**PESTO**
1 Knoblauchzehe
100 g Pistazienkerne
50 g Parmesan
75 ml Olivenöl
Salz und Pfeffer

**AUßERDEM**
1 Ei zum Bestreichen
Sesam zum Bestreuen

**ZUBEREITUNG**

1. Für den Teig zunächst alle Zutaten miteinander verkneten, zu einer Kugel formen und diese für 30 Minuten im Kühlschrank kaltstellen.
2. Den Backofen auf 180 °C Ober-/Unterhitze vorheizen und ein Backblech mit Backpapier auslegen.
3. Den Teig aus dem Kühlschrank nehmen und auf einer bemehlten Arbeitsfläche kreisrund auf etwa 20 cm Durchmesser ausrollen.
4. Für den Belag den Ricotta und den Sahne-Meerrettich in einer kleinen Schüssel verrühren und mit dem Honig sowie Salz und Pfeffer abschmecken.
5. Die Birnen gründlich waschen, vierteln, entkernen und in dünne Scheiben schneiden. Die Ricotta-Meerrettichcreme auf der Galette verteilen und einen Rand von etwa 2–3 cm aussparen. Die Birnenscheiben gleichmäßig auf der Ricottamasse verteilen.
6. Für das Pesto die Knoblauchzehe schälen und alle Zutaten in einem leistungsstarken Mixer zerkleinern. Das Pesto in kleinen Klecksen auf den Birnenscheiben verteilen.
7. Das Ei in einer kleinen Schüssel verquirlen. Die Teigränder nach innen umklappen, mit der Eimasse großzügig bestreichen und den Sesam aufstreuen. Die Galette im Backofen für ca. 20–25 Minuten backen und am besten lauwarm genießen.

# REISBÄLLCHEN

## auf Meerrettich-Rahmwirsing

Diese Reisbällchen sind die perfekte vegetarische Alternative zu Hackfleischbällchen. Durch das Wälzen in Semmelbröseln erhalten sie eine knusprige Panade und eignen sich auch wunderbar als Fingerfood.

**ZUTATEN**
**FÜR 4 PORTIONEN**

**REISBÄLLCHEN**
1 rote Zwiebel
1–2 Knoblauchzehen
½ Bund glatte Petersilie
200 g gekochter Reis
50 g zarte Haferflocken
125 g gemahlene Mandeln
1 TL Senf
2–3 EL Sojasauce
50 g Semmelbrösel zum Wälzen
etwas neutrales Öl

**RAHMWIRSING**
½ Wirsing
etwas neutrales Öl
200 ml Sahne
1 TL Sahne-Merrettich
Salz und Pfeffer
¼ TL Muskat

**ZUBEREITUNG**

1. Die Zwiebel und die Knoblauchzehen schälen und in sehr feine Würfel schneiden. Die Petersilie kurz abbrausen und fein hacken. Zwiebel, Knoblauch und Petersilie mit den restlichen Zutaten für die Reisbällchen in eine Schüssel geben und mit den Händen zu einer geschmeidigen Masse verkneten. Mit angefeuchteten Händen kleine Bällchen formen und diese großzügig in Semmelbröseln wälzen.
2. Den Wirsing waschen, putzen und in feine Streifen schneiden. Etwas neutrales Öl in einem mittelgroßen Topf erhitzen, die Wirsingstreifen zugeben und zugedeckt bei geringer Hitze für ca. 15 Minuten dünsten.
3. Währenddessen etwas Öl in einer beschichteten Pfanne erhitzen und die Reisbällchen rundherum goldbraun anbraten.
4. Zum Schluss die Sahne und den Sahne-Meerrettich zum Wirsing geben, gut umrühren und mit Salz, Pfeffer und Muskat abschmecken.
5. Die Reisbällchen zusammen mit dem Rahmwirsing auf einen Teller geben und heiß servieren.

Perfekt
dazu passen
die Grissini
von
Seite 122

# LINSENSCHAUMSUPPE

Linsen sind schon immer ein großer Bestandteil meiner liebsten Wintergerichte. Dank ihrer üppigen Einlage erinnert diese Suppe etwas an einen klassischen Linseneintopf im festlichen Gewand.

**ZUTATEN**
**FÜR 2–3 PORTIONEN**

2 Schalotten
2 Knoblauchzehen
1–2 Karotten
50 g Knollensellerie
neutrales Öl
75 g Berglinsen
100 ml Weißwein
750 ml Gemüsebrühe
400 ml Sahne
Salz und Pfeffer
heller, milder Essig nach Belieben
Schnittlauchröllchen zum Bestreuen (optional)

**ZUBEREITUNG**

1. Schalotten, Knoblauchzehen, Karotten und Knollensellerie schälen und in feine Würfel schneiden. Alles zusammen in einen größeren Topf geben und in etwas neutralem Öl andünsten. Die Linsen dazugeben und kurz mitdünsten. Alles mit dem Weißwein ablöschen und diesen etwas einkochen lassen. Die Gemüsebrühe zugießen und die Suppe bei geschlossenem Deckel und mittlerer Hitze leicht köcheln lassen, bis die Linsen weich sind.
2. Die Suppe durch ein feines Sieb in einen anderen Topf abgießen und dabei die Linsen und das Gemüse auffangen. Zwei Drittel der Gemüse-Linsenmischung beiseitestellen und den Rest zurück in den Topf geben. Die Linsensuppe fein pürieren und durch ein feines Sieb streichen, die Sahne zugeben und alles mit Salz und Pfeffer abschmecken.
3. Die Suppe kurz vor dem Servieren nochmals schaumig aufschlagen und sofort auf Teller verteilen. Die beiseitegestellten Linsen nach Belieben mit etwas mildem Essig abschmecken und die noch heiße Suppe damit und mit Schnittlauchröllchen toppen.

# FESTLICHE SELLERIESUPPE

## *mit Apfel*

Eine herrlich cremige, sahnige Suppe, die sowohl als Vorspeise wie auch als Hauptgericht alle Gäste und Familienmitglieder glücklich macht.

**ZUTATEN**

**FÜR 4 PORTIONEN**

200 g Knollensellerie
150 g Kartoffeln
2 Schalotten
1 Knoblauchzehe
1 Apfel
etwas neutrales Öl
1–2 kleinere Thymianzweige
400 ml Prosecco
400 ml Gemüsebrühe
100 ml naturtrüber Apfelsaft
200 ml Sahne
Salz und Pfeffer
Muskat

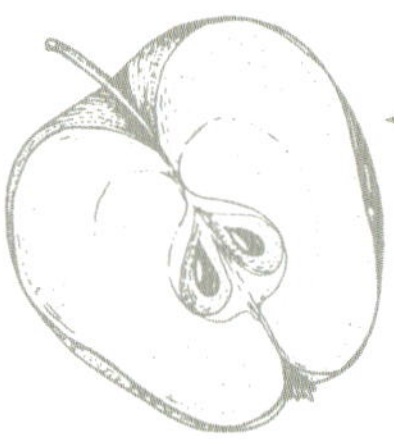

**ZUBEREITUNG**

1. Den Knollensellerie, die Kartoffeln, die Schalotten und die Knoblauchzehe schälen und in kleine Würfel schneiden. Den Apfel vom Kerngehäuse befreien und ebenfalls klein schneiden.
2. Die Schalotten- und die Knoblauchwürfel in einer beschichteten Pfanne in etwas Öl glasig andünsten. Den Knollensellerie, die Kartoffeln, den Apfel und die Thymianzweige mit in die Pfanne geben und mitdünsten. Alles mit Prosecco, Gemüsebrühe und Apfelsaft ablöschen und mit geschlossenem Deckel für ca. 30 Minuten leicht köcheln lassen, bis die Kartoffeln weich sind. Die Thymianzweige entfernen. Die Suppe fein pürieren und nach Bedarf durch ein feines Küchensieb passieren. Zum Schluss die Sahne zugeben und mit Salz, Pfeffer und Muskat abschmecken. Die Suppe auf vier Teller verteilen und noch heiß servieren.

*Tipp*

**SELBST GEMACHTES KNOBLAUCHBROT ZUR SUPPE:**

Zur Selleriesuppe passt am besten selbst gemachtes Brot, beispielsweise das Ciabatta von Seite 117. Einzelne Scheiben auf ein mit Backpapier belegtes Backblech legen, etwas mit gesalzener Butter bestreichen und auf der Oberseite mit einer geschälten Knoblauchzehe einreiben. Die Brotscheiben kurz vor dem Servieren der Suppe für 6–7 Minuten bei 170 °C Ober-/Unterhitze in den Backofen geben und am besten noch warm zur Suppe servieren.

# KLEINES KÄSEFONDUE AUS DEM OFEN

## *mit gebackenen Trauben und Honigwalnüssen*

Das perfekte Feierabendessen für alle Käseliebhaber: cremig würziger Käse mit saftig-süßen Trauben.

**ZUTATEN**
**FÜR 3–4 PORTIONEN**

**FONDUE**

150 g Brie
50 g Cheddar
100 g Gruyère
100 g Doppelrahm-Frischkäse
50 g geriebener Parmesan
60–80 ml Milch
1 EL Speisestärke
1–2 EL süßer Senf
1–2 Prisen Muskat
Öl zum Fetten der Formen

**GEBACKENE TRAUBEN**

500 g dunkle Weintrauben
1 rote Zwiebel
3–4 Zweige frischer Thymian
1 EL Olivenöl
Salz und Pfeffer
2–3 EL Walnusskerne
1–2 TL Honig

**ZUBEREITUNG**

1. Den Backofen auf 180 °C Ober-/Unterhitze vorheizen.
2. Den Brie, den Cheddar und den Gruyère in kleine Würfel schneiden. Alle drei Käsesorten zusammen mit den restlichen Zutaten für das Fondue in einem leistungsstarken Mixer pürieren. Eine ofenfeste Form etwas einfetten und die Käsemasse einfüllen.
3. Die Weintrauben unter fließendem Wasser waschen und von den Stielen zupfen. Die Zwiebel schälen und in feine Ringe schneiden. Den Thymian von den Stielen zupfen.
4. Eine weitere ofenfeste Form etwas einfetten. Trauben, Zwiebel und Thymian mit Olivenöl, Salz und Pfeffer vermengen, abschmecken und in die Form geben.
5. Beide Formen in den Backofen geben und für ca. 15–20 Minuten backen. Währenddessen die Walnüsse in einer beschichteten Pfanne für 4–5 Minuten leicht anrösten.
6. Das Käsefondue und die gebackenen Trauben aus dem Backofen nehmen. Die Trauben auf dem Käse verteilen, die noch warmen gerösteten Walnüsse darüber verteilen und alles mit Honig beträufeln.

*Tipp*

Dazu passen selbst gebackenes Ciabatta (Seite 117), Birnenchutney (Seite 132) oder auch Feigensenf (Seite 135).

# GRÜNKOHLRISOTTO

## *mit Vanillebutter*

Der würzige Geschmack des Grünkohls und die feine Süße der Vanille runden dieses cremige Risotto ab.

**ZUTATEN**

**FÜR 3-4 PORTIONEN**

1 Vanilleschote
4–5 EL Butter
1 kleine Zwiebel
1 Knoblauchzehe
200 g Grünkohl
300 g Risottoreis
100 ml Weißwein
800 ml Gemüsebrühe
100 g Parmesan
60 ml Sahne
3–4 Butterflöckchen
40 g grob zerkleinerte, geröstete Haselnusskerne zum Bestreuen

**ZUBEREITUNG**

1. Das Mark der Vanilleschote mit einem scharfen Messer auskratzen und zusammen mit der Butter in einem mittelgroßen Topf erhitzen. Die Zwiebel und die Knoblauchzehe schälen und in feine Würfel schneiden. Beides zur Vanillebutter in den Topf geben und glasig andünsten.
2. Den Grünkohl unter fließendem Wasser abbrausen, in schmale Streifen schneiden, unter die Zwiebelmischung rühren und in sich zusammenfallen lassen. Den Risottoreis zugeben, kurz scharf anbraten und sofort mit dem Weißwein ablöschen. Diesen unter Rühren vollständig einkochen lassen.
3. In der Zwischenzeit die Gemüsebrühe in einem separaten Topf kurz aufkochen lassen. Die Gemüsebrühe schluckweise immer so weit zugießen, dass der Risottoreis gerade so damit bedeckt ist. Dabei öfter umrühren und das Risotto ohne Deckel ca. 30 Minuten köcheln lassen, bis dieses gar und die Flüssigkeit vollständig eingezogen ist.
4. Den Parmesan reiben. Das Risotto mit Parmesan, Sahne und Butterflöckchen abschmecken. Das Risotto auf Teller verteilen und mit den grob zerkleinerten, gerösteten Haselnusskernen bestreuen.

*Tipp*

Die Gemüsebrühe für Risotto muss immer sehr heiß sein. Kalte Gemüsebrühe unterbricht den kontinuierlichen Kochvorgang des Risottos, wodurch sich dessen Kochzeit verlängert.

Für eine festliche Note das Risotto mit Hilfe eines Dessertringes anrichten.

# ROTWEINRISOTTO

## mit Birne und Ziegenweichkäsetalern

Seine perfekte rote Farbe erhält dieses cremige Risotto durch die Zugabe von Rotwein und Rote-Bete-Saft. Getoppt mit Knoblauchbirnen und in Honig geschwenktem Ziegenkäse gehört es zu meinen liebsten Wintergerichten.

**ZUTATEN**

**FÜR 3–4 PORTIONEN**

2 Schalotten
3 Knoblauchzehen
etwas neutrales Öl
300 g Risottoreis
200 ml Rotwein
50 ml Rote-Bete-Saft
700 ml Gemüsebrühe
1 reife Birne
1–2 EL flüssiger, milder Honig
1 TL Butter
8–10 Scheiben milder Ziegenweichkäse von der Rolle
100 g Parmesan
60 ml Sahne
3–4 Butterflöckchen
Walnüsse oder Pistazien (optional)

**ZUBEREITUNG**

1. Zuerst die Schalotten und 1 Knoblauchzehe schälen und in feine Würfel schneiden. Etwas Öl in einem mittelgroßen Topf erhitzen und beides darin kurz andünsten. Den Risottoreis zugeben, kurz scharf anbraten und sofort mit dem Rotwein ablöschen. Diesen unter Rühren vollständig einkochen lassen und den Rote-Bete-Saft zugießen.
2. Die Gemüsebrühe erhitzen und schluckweise immer so weit zugießen, dass der Risottoreis gerade so mit Flüssigkeit bedeckt ist. Dabei häufiger umrühren. Das Risotto ohne Deckel ca. 20 Minuten köcheln lassen, bis der Reis gar und die Flüssigkeit eingezogen ist.
3. Währenddessen die Birne schälen und in sehr feine, fast durchschimmernde Scheiben schneiden und kurz beiseitestellen. 2 Knoblauchzehen schälen. Den Honig zusammen mit der Butter in einer beschichteten Pfanne vorsichtig erwärmen. Die Knoblauchzehen durch eine Knoblauchpresse drücken, zugeben und kurz unterrühren. Die Birnenscheiben sowie die Weichkäsetaler darin schwenken.
4. Den Parmesan reiben. Das Risotto mit Parmesan, Sahne und Butterflöckchen abschmecken, auf Teller verteilen und sofort mit den noch warmen Birnenscheiben und Frischkäsetalern servieren. Optional mit grob gehackten Walnüssen oder Pistazien bestreuen.

### Tipp

Die Gemüsebrühe im Risotto muss immer sehr heiß sein. Kalte Gemüsebrühe unterbricht den kontinuierlichen Kochvorgang des Risottos, wodurch sich dessen Kochzeit verlängert.

# KARAMELLISIERTE ZWIEBELSUPPE

## *mit Prosecco und Crostini*

In Puderzucker karamellisierte Zwiebelhälften geben dieser Suppe ihr einzigartiges Aroma.

**ZUTATEN**
**FÜR 3–4 PORTIONEN**

**ZWIEBELSUPPE**
5 größere Zwiebeln
4–5 EL Olivenöl
2 EL Puderzucker
2 Knoblauchzehen
etwas Butter zum Anschwitzen
250 ml Prosecco
750 ml Gemüsebrühe
150 g Gruyère
200 ml Sahne
Salz und Pfeffer

**CROSTINI**
8–10 Baguettescheiben
etwas Butter zum Bestreichen
1–2 Knoblauchzehen

**AUßERDEM**
Thymian zum Bestreuen

*Tipp*

Wer die Suppe ohne Alkohol zubereiten möchte, nimmt einfach etwas mehr Gemüsebrühe und gibt noch 1–2 EL milden Essig hinzu.

**ZUBEREITUNG**

1. Die Zwiebeln schälen und halbieren. Den Backofen auf 180 °C Ober-/Unterhitze vorheizen und ein Backblech mit Backpapier belegen.
2. Die Zwiebelhälften mit der Schnittfläche nach unten auf das vorbereitete Backpapier legen. Diese mit dem Olivenöl einpinseln, mit dem Puderzucker bestreuen und für etwa 30 Minuten karamellisieren lassen. In der Zwischenzeit die Knoblauchzehen schälen und in sehr kleine Stücke schneiden. Etwas Butter in einer beschichteten Pfanne zerlassen.
3. Die Zwiebelhälften aus dem Ofen nehmen; etwa die Hälfte davon zur Seite stellen und warmhalten. Die andere Hälfte in feine Streifen schneiden, zur Butter in die Pfanne geben und anschwitzen. Den Knoblauch zugeben und kurz mitschwenken. Nun alles mit dem Prosecco ablöschen, kurz einkochen lassen, in einen Topf umfüllen und mit der Gemüsebrühe auffüllen.
4. Die Suppe so für etwa 15 Minuten köcheln lassen und währenddessen den Gruyère raspeln. Die Sahne sowie den Käse zur Suppe zugeben und mit Salz und Pfeffer abschmecken.
5. Für die Crostini die Baguettescheiben mit etwas Butter bestreichen. Die Knoblauchzehen schälen, die Baguettescheiben damit einreiben und für ca. 10 Minuten im Backofen bei 180 °C Ober-/Unterhitze Farbe annehmen lassen.
6. Die Suppe in kleine Schalen füllen und die Crostini sowie die übrigen karamellisierten Zwiebelhälften zugeben. Die Suppe etwas mit Thymian bestreuen und servieren.

# GEBACKENER RICOTTA-DIP

## *mit karamellisierten Zwiebeln und Pinienkernen*

Karamellisierte Zwiebeln, aromatischer, weicher Knoblauch und cremiger, lauwarmer Ricotta machen diesen grandiosen Dip zum perfekten Feierabendgericht.

**ZUTATEN**

**FÜR CA. 4 PORTIONEN**

1–2 kleinere, milde Zwiebeln
2–3 Knoblauchzehen
2 EL brauner Zucker
2 EL Olivenöl
200 g Ricotta
1–2 TL Zitronensaft
2–3 Stängel frischer Rosmarin
Salz und Pfeffer
100 g Parmesan
50 g Mozzarella
1–2 EL Pinienkerne zum Bestreuen

**ZUBEREITUNG**

1. Den Backofen auf 180 °C Ober-/Unterhitze vorheizen und ein Backblech mit Backpapier belegen.
2. Die Zwiebeln und die Knoblauchzehen schälen. Die Zwiebeln halbieren und zusammen mit den ganzen Knoblauchzehen auf dem mit Backpapier belegten Backblech verteilen, mit dem braunen Zucker bestreuen, 1 EL Olivenöl darüberträufeln und im vorgeheizten Backofen für ca. 15–20 Minuten karamellisieren, bis Zwiebeln und Knoblauch weich werden.
3. Währenddessen den Ricotta, 1 EL Olivenöl, den Zitronensaft und die abgezupften Rosmarinblättchen in eine ofenfeste Form geben und gründlich umrühren. Die weichen Zwiebeln und Knoblauchzehen zusammen mit dem ausgetretenen Saft zugeben. Den Ricotta-Dip mit Salz und Pfeffer würzen. Den Parmesan fein reiben und den Mozzarella in dünne Scheiben schneiden. Beides über den Dip geben, diesen für 10–15 Minuten im Ofen backen.
4. In der Zwischenzeit die Pinienkerne in einer beschichteten Pfanne leicht rösten, bis sie anfangen zu duften.
5. Den Ricotta-Dip aus dem Ofen nehmen, nochmals kurz umrühren, mit Pinienkernen bestreuen und am besten direkt zu frischem Baguette servieren.

*Tipp*

Dazu passt auch das Ciabatta von Seite 117.

# BRUSCHETTA

## *mit Ricotta, Weintrauben und Trüffelöl*

In Olivenöl geschwenktes, geröstetes Baguette trifft hier auf saftige, reife Weintrauben und den puren Charme von Ricotta. Besser kann ein gemeinsamer Abend mit Freunden oder der Familie kaum starten.

**ZUTATEN**

**FÜR ETWA 6 PORTIONEN**

100 g rote Weintrauben
etwas Olivenöl
Salz und Pfeffer
1 Baguette
2 Knoblauchzehen
150 g Ricotta
etwas Trüffelöl zum Beträufeln

**ZUBEREITUNG**

1. Den Backofen auf 200 °C Ober-/Unterhitze vorheizen.
2. Die Weintrauben unter fließendem Wasser abwaschen, trockentupfen und in einer ofenfesten Form verteilen. Das Olivenöl über die Weintrauben geben und diese etwas salzen und pfeffern. Die Form für ca. 10–15 Minuten im Ofen backen, bis die Weintrauben aufplatzen.
3. In der Zwischenzeit das Baguette in Scheiben schneiden. Eine große beschichtete Pfanne mit etwas Olivenöl erhitzen, die Baguettescheiben hineinlegen und von beiden Seiten anrösten.
4. Die Knoblauchzehen schälen. Die Scheiben aus der Pfanne nehmen und jeweils auf einer Seite mit den Knoblauchzehen einreiben. Den Ricotta und jeweils 3–4 gebackene Weintrauben auf den noch warmen Baguettescheiben verteilen und mit etwas Trüffelöl garnieren.

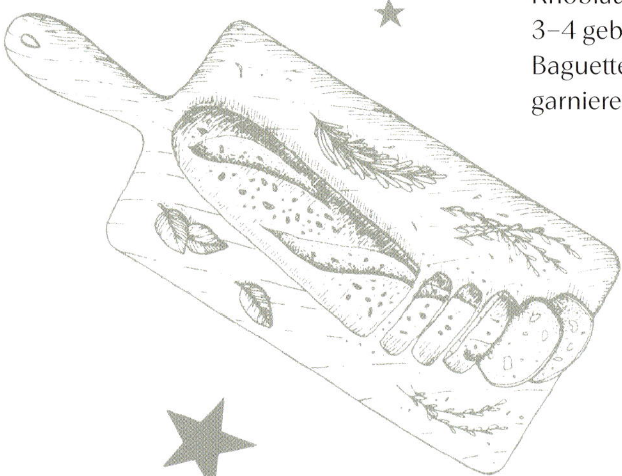

Für Ausstech-
plätzchen eignet
sich der Mürbteig
von Seite 24.

# KUCHEN, KEKSE
## *und allerlei Süßkram*

Wenn ich zur Weihnachtszeit backe, weiß ich, dass wir alle zusammenkommen. Dann genießen wir das Beisammensein, den köstlichen Kuchen und das gute Leben drum herum. Wenn alles aufgegessen ist, bin ich glücklich.

# NO-BAKE-CHEESECAKE

## *mit Cranberryspiegel*

Dieser Käsekuchen kommt ganz ohne Backen aus und ist einfach perfekt für eben die Tage, an denen der Backofen nahezu ununterbrochen mit Festtagsessen belegt ist, sodass der Kühlschrank das Backen übernimmt.

**ZUTATEN**

**FÜR EINE 20ER-SPRINGFORM**

**BODEN**

200 g Haferkekse
75 g Butter

**CHEESECAKE-MASSE**

200 ml kalte Sahne
½ TL Zimt
500 g Doppelrahmfrischkäse
100 g Puderzucker

**CRANBERRYSPIEGEL**

1 TL Agar-Agar (pflanzliches Geliermittel)
300 ml Cranberrysaft

**AUẞERDEM**

gezuckerte Cranberrys und Granatapfelkerne zum Dekorieren (siehe Tipp)

**ZUBEREITUNG**

1. Die Haferkekse in einem leistungsstarken Mixer fein zermahlen. Die Butter in einem mittelgroßen Topf vorsichtig zerlassen und die Kekskrümel einrühren, bis eine homogene Masse entsteht.
2. Den Boden einer kleinen Springform mit Backpapier auslegen, die Keksmasse darauf verteilen, etwas festdrücken und für ungefähr 30 Minuten im Kühlschrank kaltstellen.
3. In der Zwischenzeit die Sahne zusammen mit dem Zimt mit Hilfe eines Handrührgeräts steif schlagen. Den Frischkäse in eine separate Rührschüssel geben, den Puderzucker darübersieben und ebenfalls mit dem Handrührgerät aufschlagen. Die Schlagsahne vorsichtig unter den Frischkäse heben, alles gleichmäßig auf dem erkalteten Keksboden verteilen und glattstreichen. Die Torte für ca. 2 Stunden kaltstellen.
4. Das Agar-Agar für den Cranberryspiegel mit etwa 50 ml des Cranberrysafts glattrühren. Den restlichen Saft zugeben, alles in einem kleinen Topf aufkochen und für 2–3 Minuten leicht köcheln lassen. Den Saft etwas abkühlen lassen, auf dem Kuchen verteilen, diesen nochmals für 2–3 Stunden kaltstellen und mit gezuckerten Cranberrys dekorieren.

### *Tipp*

Gezuckerte Cranberrys lassen sich einfach selbst herstellen. Hierfür 150 ml Wasser mit 200 g Zucker in einem mittelgroßen Topf aufkochen und so lange simmernd kochen lassen, bis sich der Zucker komplett gelöst hat und das Zuckerwasser sirupartig einkocht. Den Zuckersirup etwas abkühlen lassen, ca. 300 g frische Cranberrys zugeben und kurz umrühren. Die Beeren über Nacht im Kühlschrank durchziehen lassen. Die Beeren anschließend auf einem engmaschigen Abtropfgitter für einige Minuten abtropfen lassen. Die Cranberrys zum Schluss in ca. 100 g Zucker wälzen.

# ZIMTIGER FRÜCHTEKUCHEN

## *vom Blech*

Dieser unscheinbare kleine Kuchen hat es richtig in sich. In der Weihnachtszeit wird er bei uns regelmäßig alle paar Tage nachgebacken. Gut verpackt ist er mehrere Tage haltbar und nimmt sogar noch an Aroma zu.

ZUTATEN

FÜR 1 KUCHEN (20 × 30 CM)

100 g Haselnüsse
100 g Mandeln
50 g Datteln
75 g Orangeat
75 g Rosinen
75 g Pistazien
150 g Mehl
½ TL Zimt
150 g Zucker
150 g heller Honig
Puderzucker zum Bestreuen

ZUBEREITUNG

1. Den Backofen auf 160 °C Ober-/Unterhitze vorheizen und ein tiefes Backblech mit den Maßen 20 × 30 cm mit Backpapier ausschlagen.
2. Die Haselnüsse zusammen mit den Mandeln in einer beschichteten Pfanne ohne Fett vorsichtig anrösten und anschließend etwas auskühlen lassen.
3. Die Datteln in kleine Würfel schneiden und mit dem Orangeat und den Rosinen in eine Schüssel geben. Die Haselnüsse, die Mandeln und die Pistazien zugeben und kurz durchrühren. Das Mehl und den Zimt zugeben und nochmals gut vermengen.
4. Den Zucker und den Honig in einem kleinen Topf unter ständigem Rühren kurz aufkochen lassen. Noch etwas leicht köcheln lassen, dann zügig zum Rest in die Schüssel geben und vermischen.
5. Die Früchte-Nussmischung gleichmäßig im Backblech verteilen und glattstreichen. Im Backofen für 30–35 Minuten backen, herausnehmen und vollständig auskühlen lassen. Mit etwas Puderzucker bestreuen, aus der Form lösen und in Stücke schneiden.

*Tipp*

**ORANGEAT SELBST MACHEN:**

Orangeat lässt sich ganz einfach selbst herstellen. Hierfür 8–10 Bio-Orangen heiß abwaschen, halbieren und den Saft auspressen. Den Saft anderweitig verwenden. Das Fruchtfleisch sowie die weiße innere Haut entfernen und die restliche Schale in kleine Würfel schneiden. Einen mittelgroßen Topf mit Wasser und Salz zum Kochen bringen und die Schalenwürfel zugeben. Diese für 4–5 Minuten kochen, das Wasser wechseln, den Vorgang wiederholen und das Wasser danach abschütten.

Die Orangenschalenwürfel gut abtropfen lassen, wiegen und in einer Schüssel mit der gleichen Menge an Zucker mischen. Die Würfel zurück in den Topf geben und soviel Wasser aufgießen, bis diese gerade so bedeckt sind. Das Wasser zum Kochen bringen und für ca. 1 ½ Stunden bei mittlerer Hitze köcheln lassen. Das Wasser erneut abgießen und die Schalen abtropfen lassen. Diese auf einem mit Backpapier belegten Backblech verteilen und einige Stunden vollständig trocknen lassen.

Mit Puderzucker bestäubt ist Orangeat in kleinen, gut verschließbaren Gläschen mehrere Wochen haltbar. Voraussetzung dafür ist, dass die Würfel komplett durchgetrocknet sind. Der Puderzucker verhindert das Zusammenkleben der einzelnen Würfel.

# RAHMKUCHEN

Beim Backen erscheint die Füllung des Rahmkuchens erst einmal recht flüssig. Ausgekühlt hat er jedoch die perfekte Konsistenz und zergeht förmlich im Mund. Die Zuckerschicht an der Oberfläche erinnert etwas an weihnachtliche Crème brûlée.

**ZUTATEN**
**FÜR EINE 24ER-SPRINGFORM**

**BODEN**
200 g Mehl
100 g Zucker
1 Pck. Vanillezucker
125 g kalte Butter + etwas für die Form
1 Ei

**FÜLLUNG**
600 ml Sahne
600 ml Schmand
125 g Zucker
1 Pck. Vanillezucker
3 Eier
2 TL Vanilleextrakt
75 g Stärke
2 EL Zucker
1 TL Zimt

**ZUBEREITUNG**

1. Für den Boden des Rahmkuchens einen einfachen Mürbteig herstellen. Hierfür alle Zutaten in einer größeren Schüssel vermengen, bis ein homogener Teig entsteht. Den Teig zu einer Kugel formen und diese für etwa 40 Minuten im Kühlschrank kaltstellen.
2. Den Boden einer 24er-Springform mit Backpapier auslegen und die Ränder gründlich einfetten.
3. Den Teig aus dem Kühlschrank nehmen, dünn ausrollen und den Boden der Springform damit auskleiden. An den Seiten einen etwa 5–6 cm hohen Rand hochziehen.
4. Für die Füllung alle restlichen Zutaten mit Hilfe eines Handrührgeräts verquirlen, bis keine Stücke mehr zu sehen sind. Die Sahnemischung auf dem Teigboden verteilen und glattstreichen.
5. Den Kuchen im vorgeheizten Backofen für etwa 50 Minuten backen.

*Tipp*

Den fertigen Kuchen im Anschluss im ausgeschalteten Backofen auskühlen lassen, um Risse an der Oberfläche zu vermeiden, und die Springform erst lösen, wenn der Kuchen komplett ausgekühlt ist.

fröhliche Weihnacht

Weihnachten

# GRIEßKNÖDEL

## mit Rumzwetschgen

Selbst gemachte Grießknödel schmecken für mich nach Kindheit. Die süßen Knödel mit würzigen Rumzwetschgen und einer großen Portion buttrigen Semmelbröseln sind jedoch eher die Erwachsenenvariante.

### ZUTATEN
### FÜR 2–3 PORTIONEN

#### RUMZWETSCHGEN
500 g ungesüßte Zwetschgen oder Pflaumen aus dem Glas
100 g brauner Zucker
1 Bio-Orange
125 ml Rotwein
75 ml Rum
1 Zimtstange
4 Nelken
1 Sternanis

#### GRIEßKNÖDEL
400 ml Milch
75 g Butter
200 g Grieß
50 g Zucker
2 Eier
Salz

#### ZUM SERVIEREN
50 g Butter
75 g Semmelbrösel

### ZUBEREITUNG
1. Die Zwetschgen über einem feinen Küchensieb gut abtropfen lassen und ggf. halbieren und entsteinen. Die Zwetschgenhälften in eine Schüssel umfüllen und mit dem braunen Zucker mischen.
2. Die Bio-Orange auspressen und den Saft auffangen. Den Saft zusammen mit den gezuckerten Zwetschgen und den restlichen Zutaten in einen mittelgroßen Topf geben, kurz aufkochen und für weitere 2–3 Minuten bei geringer Hitze köcheln lassen, bis die Zwetschgen etwas eindicken, jedoch nicht zerfallen. Bis zum Servieren warmhalten und die Zimtstange entfernen.
3. Für die Grießknödel zunächst die Milch und die Butter in einem mittelgroßen Topf aufkochen lassen. Den Topf vom Herd nehmen und mit Hilfe eines Schneebesens den Grieß und den Zucker einrühren, bis die Flüssigkeit etwas eindickt. Die Eier unterrühren, die Masse beiseitestellen und abkühlen lassen. Mit den Händen aus der Grießmasse kleine Knödel formen. Salzwasser in einem mittelgroßen Topf aufkochen, die Temperatur zurückschalten und die Knödel darin für 8–10 Minuten ziehen lassen.
4. Währenddessen die Butter in einer beschichteten Pfanne schmelzen. Die Semmelbrösel zugeben und unter ständigem Rühren vorsichtig bräunen.
5. Die Knödel abschöpfen, sofort in den Bröseln wenden und noch heiß mit den Rumzwetschgen servieren.

# WINTER-ZABAIONE

## *mit selbst gemachten Löffelbiskuits*

Die winterliche Zabaione-Creme ist eines meiner absoluten Lieblingsdesserts und perfekt für die Feiertage. Die Löffelbiskuits lassen sich mehrere Tage im Voraus vorbereiten. Da in der Creme selbst rohe Eier verwendet werden, sollte diese jedoch erst kurz vor dem Servieren zubereitet werden. Hat man hier den Dreh mit dem nicht zu heißen Wasserbad einmal raus, ist das Dessert im Handumdrehen zubereitet.

### ZUTATEN
### FÜR 4 PORTIONEN

#### LÖFFELBISKUITS
2 Eier
1 Prise Salz
40 g Zucker
1 EL Vanillezucker
100 g Mehl

#### CREME
1 Vanilleschote
2 sehr frische Eigelb
80 g Zucker
¼ TL Zimt + etwas zum Bestreuen
60 ml Marsala (süßer Dessertwein)

### ZUBEREITUNG
1. Den Backofen auf 180 °C Ober-/Unterhitze vorheizen. Ein Backblech mit Backpapier belegen.
2. Für die Löffelbiskuits die Eier in einer größeren Schüssel für mehrere Minuten schaumig aufschlagen und dabei langsam das Salz, den Zucker und den Vanillezucker einrieseln lassen. Das Mehl portionsweise unterheben. Den Teig in einen Spritzbeutel mit Lochtülle (10–12 mm) füllen und ca. 12 cm lange, etwas dickere Teigstreifen auf das Backblech spritzen. Die Löffelbiskuits ca. 12 Minuten goldgelb backen und anschließend auf einem Kuchengitter vollständig auskühlen lassen.
3. Für die Zabaione-Creme die Vanilleschote längs aufschneiden, das Mark auskratzen und beiseitestellen. Die Eigelbe in eine Glas- oder Metallschüssel geben. Diese über einen Topf mit heißem Wasser stellen. Den Zucker, das Vanillemark und den Zimt mit in die Schüssel geben und alles bei mittlerer Hitze mit Hilfe eines Schneebesens für mehrere Minuten aufschlagen, bis sich die Masse in etwa verdoppelt hat. Gegen Ende den Marsala einrühren.
4. Die Löffelbiskuits in eine Form geben und mit Creme bedecken. Vor dem Servieren mit Zimt bestreuen.

## *Tipps*

#### AUFBEWAHRUNG DER LÖFFELBISKUITS
Die Löffelbiskuits können auch auf Vorrat gebacken werden. Vollständig ausgekühlt können diese in einer Blechdose aufbewahrt werden. Hier werden die Löffelbiskuits schön knusprig und eignen sich beispielsweise zur Verwendung in selbst gemachtem Tiramisu. Luftdicht in einer Haushaltsdose bleiben sie eher weich.

# WEIßER MAULWURFKUCHEN

## mit Glühweinkirschen und Zimtsahne

Die winterliche Variante des klassischen Maulwurfkuchens glänzt durch aromatische Glühweinkirschen und Zimtsahne.

ZUTATEN
FÜR EINE 24ER-SPRINGFORM

TEIG

Butter und Mehl für die Form
3 Eier
1 Prise Salz
150 g weiche Butter
100 g Zucker
5 EL Milch
150 g Mehl
½ Pck. Backpulver

FÜLLUNG

1 Glas Schattenmorellen
125 ml Glühwein
2–3 EL Vanillezucker
1 EL Speisestärke
600 ml Sahne
2–3 TL Zimt
3 Pck. Sahnesteif
Puderzucker zum Bestäuben

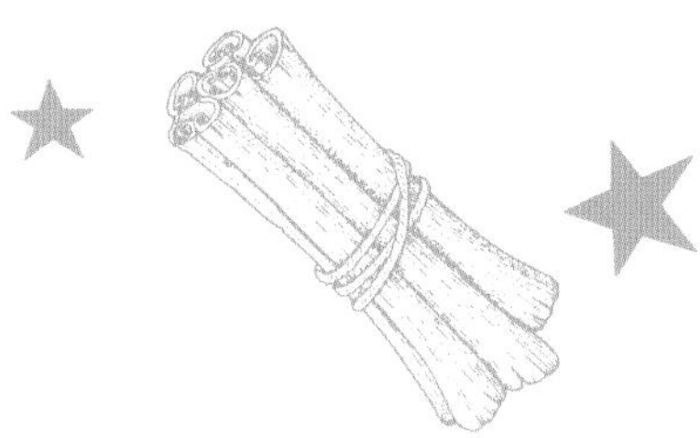

*Tipp*

Wer die Kuchenkrümel des Maulwurfkuchens etwas knuspriger mag, gibt diese nach dem Aushöhlen und Zerkrümeln einfach auf ein mit Backpapier belegtes Backblech und schiebt sie bei 160°C Ober-/Unterhitze nochmals für ca. 5–10 Minuten in den Backofen.

ZUBEREITUNG

1. Den Backofen auf 170 °C Ober-/Unterhitze vorheizen und eine Springform (24 cm) erst mit etwas Butter einfetten und dann mit Mehl ausstäuben.
2. Die Eier trennen und das Eiweiß mit 1 Prise Salz mit Hilfe eines Handrührgeräts oder einer Küchenmaschine steif aufschlagen und die Butter in einem kleinen Topf schmelzen. Die Butter beiseitestellen und abkühlen lassen. Währenddessen die Eigelbe mit dem Zucker und der Milch schaumig schlagen. Die geschmolzene Butter hinzugeben und nochmals gut verrühren. Das Mehl mit dem Backpulver mischen und ebenfalls unter die Teigmasse mischen.
3. Zum Schluss den Eischnee mit in die Schüssel geben und mit einem Teigschaber vorsichtig unterheben.
4. Den Teig in die Springform füllen und im Backofen für ca. 40 Minuten backen. Den Teig aus dem Backofen nehmen und mittig im Teig eine Stäbchenprobe durchführen. Bleibt kein Teig mehr am Holzstäbchen hängen, den Kuchenboden beiseitestellen und auskühlen lassen. (Ansonsten noch einige Minuten weiterbacken und erneut eine Stäbchenprobe durchführen.) Den ausgekühlten Kuchenboden aus der Form lösen, mit Hilfe eines Löffels aushöhlen und dabei den Rand stehen lassen. Den entnommenen Kuchenboden nochmals mit den Händen zerbröseln.
5. Die Flüssigkeit der Schattenmorellen durch ein feines Küchensieb abgießen und auffangen. Die abgetropften Schattenmorellen mit dem Glühwein und 1–2 EL Vanillezucker in einem kleinen Topf kurz aufkochen. Die Speisestärke mit etwa 2–3 EL der aufgefangenen Flüssigkeit verrühren und unter die Glühweinkirschen rühren. Diese nochmals unter ständigem Rühren aufkochen und leicht simmernd einkochen, bis die Flüssigkeit beginnt einzudicken. Die Glühweinkirschen beiseitestellen und abkühlen lassen. Die abgekühlten Glühweinkirschen gleichmäßig auf dem Kuchenboden verteilen.
6. Die Sahne mit 1 EL Vanillezucker, dem Zimt und dem Sahnesteif sehr steif aufschlagen und kuppelförmig auf die Glühweinkirschen streichen. Die Kuchenbrösel ringsum aufstreuen und den Kuchen für mindestens 1 Stunde kaltstellen. Den Kuchen vor dem Servieren mit etwas Puderzucker bestäuben.

# CHARLOTTE

## mit Birne und Zimt-Mascarponecreme

Diese kleine Torte ist perfekt für Feiertage im kleinen Kreis. Wenn ich an den Feiertagen selbst viel zu tun habe, bereite ich den Biskuitboden, die Creme sowie das Birnengelee 1–2 Tage vorher zu und setze das Törtchen bereits vollständig zusammen. So muss ich mich am Verzehrtag nur noch um die Löffelbiskuit-Dekoration kümmern. Diese würde ansonsten zu sehr durchweichen und wird bestenfalls unmittelbar vor dem Verzehr angebracht.

ZUTATEN

FÜR EINE 20ER-SPRINGFORM

TEIG

1 Portion Biskuit-Grundteig (Rezept Seite 23)

MASCARPONECREME

300 g Mascarpone
175 g Frischkäse
150 g Puderzucker
300 ml Sahne
2 Pck. Sahnesteif
½ TL Zimt

BIRNENGELEE

3–4 reife Birnen
75 g Zucker
¼ TL Zimt
120 ml Wasser
1 TL Agar-Agar (pflanzliches Geliermittel)

AUßERDEM

ca. 300 g Löffelbiskuits zur Dekoration (siehe Rezept Seite 94)

*Tipp*

Als Tortendekoration dienen hier die pochierten Birnen von Seite 100.

ZUBEREITUNG

1. Den Biskuitteig wie auf Seite 23 beschrieben zubereiten. Nach dem Backen aus dem Backofen nehmen, vollständig auskühlen lassen und mit einem scharfen Messer waagerecht in drei gleich dicke Böden teilen.
2. Für die Mascarponecreme den Mascarpone mit dem Frischkäse und dem Puderzucker in einer Schüssel verrühren.
3. Die Sahne mit dem Sahnesteif und dem Zimt in einer separaten Schüssel aufschlagen und unter die Mascarponecreme heben. Die Creme im Kühlschrank für ca. 30 Minuten kaltstellen.
4. In der Zwischenzeit das Birnengelee herstellen. Hierfür die Birnen schälen, entkernen und das Fruchtfleisch in kleine Würfel schneiden. Dieses zusammen mit dem Zucker, dem Zimt und dem Wasser in einen kleinen Topf geben und bei mittlerer Hitze etwas einkochen lassen. Etwas von der Flüssigkeit entnehmen und mit dem Agar-Agar in einem separaten Gefäß glattrühren. Die Mischung wieder zurück in den Topf geben, alles kurz aufkochen und für 2–3 Minuten leicht köcheln lassen. Das fertige Birnengelee beiseitestellen und etwas abkühlen lassen.
5. Den untersten Biskuitboden mittig auf einem Teller platzieren und einen hohen Tortenring so einstellen, dass die Löffelbiskuits zwischen Ring und Biskuitboden passen. Diese kreisförmig senkrecht stehend um den Biskuit platzieren. Etwa ein Drittel der Mascarponecreme auf den Teigboden auftragen und glattstreichen. Eine dünne Schicht des abgekühlten Birnengelees auftragen und ebenfalls glattstreichen. So weiter verfahren bis alle Böden, die Creme und das Gelee aufgebraucht sind. Mit der Mascarponecreme abschließen und die Torte 2–3 Stunden im Kühlschrank kaltstellen. Kurz vor dem Servieren den Tortenring vorsichtig abnehmen und die Löffelbiskuits nach Belieben mit einem Band festbinden.

# POCHIERTE BIRNEN

## *mit Vanille und Krokant*

Reife, feste Birnen werden hier in würzig-süßem Sud eingelegt und gekocht. Durch leichte Vanille- und Zimtnoten passen die Birnen perfekt in die Vorweihnachtszeit.

ZUTATEN
FÜR 2 PORTIONEN

TEIG
2 reife, feste Birnen
1 Vanilleschote
2 EL heller, milder Honig
¼ TL Zimt
400 ml Birnensaft
1–2 EL Haselnusskrokant zum Dekorieren

ZUBEREITUNG

1. Die Birnen vorsichtig schälen, ohne dabei den Stiel zu entfernen.
2. Das Mark der Vanilleschote auskratzen und zusammen mit dem Honig, dem Zimt und dem Birnensaft in einen mittelgroßen Topf geben. Die Birnen zugeben und alles bei mittlerer Hitze für ca. 10–15 Minuten köcheln lassen.
3. Die Birnen aus dem Sud nehmen und noch heiß auf zwei Teller verteilen. Jeweils 2–3 EL des Suds über die Birnen geben, den Haselnusskrokant darüberstreuen und sofort servieren.

*Tipp*

Zu den pochierten Birnen passt eine Kugel Vanilleeis oder eine Portion griechischer Joghurt.

# APFEL-MILCHREISTARTE

Hand aufs Herz: Wer liebt warmen Milchreis nicht? Mit dünnem Teigboden und fruchtig-süßen Kompottäpfeln bekommt er auf der Festtagstafel seinen großen Auftritt.

ZUTATEN
FÜR EINE 20ER-SPRINGFORM

TEIG
Fett für die Form
200 g Mehl
100 g Zucker
1 Pck. Vanillezucker
125 g kalte Butter
1 Ei

MILCHREIS
500 ml Milch
50 g Zucker
1 TL Vanilleextrakt
150 g Milchreis
200 ml Sahne

APFELBELAG
2–3 reife Äpfel
175 ml Apfelsaft
1–2 TL Speisestärke

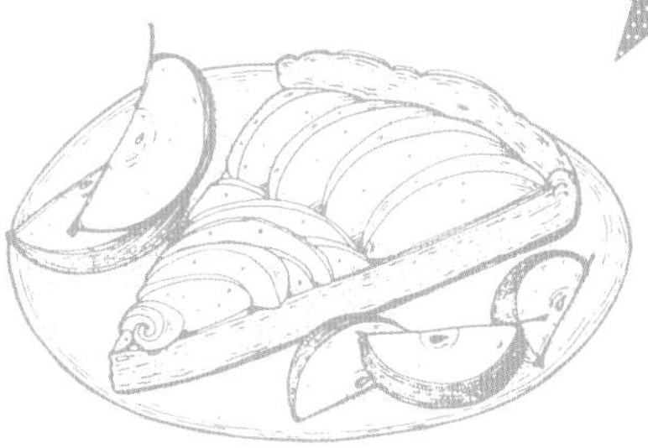

ZUBEREITUNG
1. Den Backofen auf 180 °C Umluft vorheizen und eine Springform fetten.
2. Für den Teigboden alle Zutaten in einer größeren Rührschüssel miteinander verkneten. Den Boden der Springform damit auslegen und seitlich einen kleinen Rand hochziehen.
3. Den Boden mehrfach mit einer Gabel einstechen und für 10–12 Minuten im Backofen backen. Die Form aus dem Backofen nehmen und vollständig abkühlen lassen. Die Springform dabei geschlossen halten.
4. Für den Milchreis die Milch und den Zucker mit dem Vanilleextrakt kurz in einem mittelgroßen Topf aufkochen lassen, den Milchreis zugeben und anschließend für etwa 20 Minuten bei geringer Hitze und gelegentlichem Rühren köcheln lassen, bis der Reis weich wird und eindickt. Anschließend die flüssige Sahne unterrühren und nochmals 15 Minuten bei geringer Hitze ziehen lassen.
5. Die Masse auf dem ausgekühlten Teigboden verteilen und für 3–4 Stunden im Kühlschrank kaltstellen.
6. In der Zwischenzeit die Äpfel schälen, entkernen und in kleine Würfel schneiden. Die Würfel zusammen mit dem Apfelsaft in einen mittelgroßen Topf geben und zugedeckt auf mittlerer Stufe für mehrere Minuten köcheln lassen, bis die Apfelwürfel weich werden.
7. 2–3 EL der Flüssigkeit entnehmen und in einem separaten Gefäß mit der Stärke verrühren. Die Mischung zurück in den Topf geben und unter Rühren kurz aufkochen lassen. Das Apfelkompott etwas abkühlen lassen, auf dem gekühlten Kuchen verteilen und nochmals für ca. 1 Stunde kaltstellen.

## Vanilleextrakt selbst herstellen

Benutzt man selbst gemachten Vanilleextrakt anstatt einer herkömmlichen Vanilleschote, lässt sich dieser besser dosieren und unterrühren. Für den Extrakt werden 3 Vanilleschoten und 175 ml Wodka benötigt. Die Vanilleschoten werden längs aufgeschnitten und in kleine Stücke geschnitten. Jetzt den Wodka in eine saubere, gut verschließbare Flasche füllen und die Schotenstücke zugeben. Um spätere Schimmelbildung zu vermeiden, sollten alle Schotenstücke vollständig mit Wodka bedeckt sein. Die Flasche gut verschlossen, kühl und dunkel gelagert für 4–6 Wochen ziehen lassen und alle paar Tage schütteln. Den fertigen Extrakt nach Belieben durch ein feines Küchensieb filtern, die Flüssigkeit dabei auffangen und zurück in die Flasche füllen. Kühl und dunkel gelagert hält sich der Extrakt etwa 1 Jahr und eignet sich sehr gut als kleines Geschenk für Back- oder Dessertfans. Der enthaltene Alkohol verfliegt beim Backen oder Erhitzen von Desserts.

# WEIHNACHTLICHE GALETTE

## *mit Mandelcreme und Gewürzbirnen*

Der herrlich buttrige, mürbe Galetteteig zergeht förmlich auf der Zunge und schmeckt am besten noch lauwarm mit einer großen Kugel Vanilleeis.

ZUTATEN
FÜR 2 GALETTES

TEIG
300 g Mehl
150 g Butter
2–3 EL Milch
1 Ei

MANDELCREME
100 g Butter
150 g gemahlene, blanchierte Mandeln
1 Ei
50 g brauner Zucker

GEWÜRZBIRNEN
3–4 reife Birnen
½ TL Zimt
½ TL frisch gemahlene Kardamomkapseln
1 EL brauner Zucker

AUßERDEM
1 Ei zum Bestreichen
brauner Zucker und gehobelte Mandeln zum Bestreuen

ZUBEREITUNG

1. Für den Teig alle Zutaten miteinander verkneten, zu einer Kugel formen und ca. 30 Minuten kaltstellen.
2. Für die Mandelcreme die Butter in einem kleinen Topf vorsichtig schmelzen, beiseitestellen und etwas abkühlen lassen. Die gemahlenen Mandeln, das Ei und den braunen Zucker in einer Rührschüssel mit Hilfe eines Handrührgeräts schaumig aufschlagen. Die abgekühlte Butter zugeben und nochmals gut verrühren.
3. Die Birnen gründlich waschen, entkernen und in feine Spalten schneiden. In einer kleinen Schüssel den Zimt, den Kardamom und den Zucker mischen, die Birnenspalten zugeben und kurz durchrühren.
4. Den Backofen auf 180 °C Ober-/Unterhitze vorheizen.
5. Den Teig aus dem Kühlschrank nehmen, in zwei Teile teilen und jeweils auf einem mit Backpapier ausgelegten Backblech dünn auswellen. Jeweils die Hälfte der Mandelcreme darauf verteilen und dabei einen Rand von etwa 2–3 cm lassen. Die Gewürzbirnen auf der Creme verteilen und die Ränder der Galettes nach innen schlagen. Ein Ei in einer kleinen Schüssel verquirlen, die Ränder damit einstreichen und etwas braunen Zucker und gehobelte Mandeln aufstreuen.
6. Die Galettes für ca. 20–25 Minuten backen und am besten noch lauwarm mit einer Kugel Vanilleeis genießen.

# MÜRBTEIGTARTELETTES

## *mit Glühweinbeeren und Baiser*

Der mürbe Teig und die weihnachtlichen Glühweinbeeren bilden eine perfekte Einheit. Wenn es jedoch mal besonders schnell gehen soll, lasse ich die Tarteletteböden weg und schichte Glühweinbeeren und Baiser einfach in kleine Gläschen.

**ZUTATEN**
**FÜR 6–8 STÜCK**

**TARTELETTES**
1 Portion Mürbteig (Rezept Seite 24)

**GLÜHWEINBEEREN**
300 g gemischte Beeren
50 g Puderzucker
150 ml Glühwein
2–3 TL Speisestärke

**BAISER**
1 Portion Baiser (Rezept Seite 27)

**ZUBEREITUNG**

1. Nach dem Mürbteig-Grundrezept auf Seite 24 6–8 kleine Tarteletteböden herstellen, backen und auskühlen lassen.
2. Die Beeren für die Glühweinbeerenschicht verlesen, putzen und in einen mittelgroßen Topf geben. Den Puderzucker und den Glühwein zugeben, kurz umrühren und bei mittlerer Hitze kurz aufkochen lassen. 1–2 EL der Flüssigkeit entnehmen und in einem separaten kleinen Gefäß mit der Speisestärke glattrühren. Die Stärkemischung wieder zurück in den Topf geben und erneut kurz aufkochen lassen. Für mehrere Minuten bei geringer Hitze weiterköcheln lassen, bis die Glühweinbeeren eindicken. Die Beeren vom Herd nehmen, kurz abkühlen lassen und auf den Tarteletteböden verteilen. Für 1–2 Stunden im Kühlschrank fest werden lassen.
3. Währendessen die Baisermasse nach dem Grundrezept auf Seite 27 herstellen, jedoch nicht zum Backen auf ein mit Backpapier belegtes Backblech aufspritzen, sondern direkt aus dem Spritzbeutel auf die erstarrten Glühweinbeeren spritzen. Die Tartelettes bis zum Verzehr im Kühlschrank aufbewahren.

*Tipp*

Die Oberfläche der Baiserhäubchen nach Belieben mit einem Flambiergerät leicht abbräunen. So bleiben die weichen Baisers standfester. Da das Baiser hier nicht gebacken wird, sollten nur sehr frische Eier verwendet werden.

# KÖSTLICHES ZUM MITBRINGEN

## *für die Festtage und Silvester*

Bin ich an den Weihnachtsfeiertagen oder an Silvester bei Freunden oder der Familie eingeladen, bringe ich gerne Kleinigkeiten fürs Buffet oder auch den Nachtisch mit. Dafür ist besonders das geeignet, was sich gut vorbereiten lässt oder vor Ort nur kurze Zeit benötigt, um es auf den Tisch zu bringen.

# CREMIGER ROTKOHLSALAT

## *mit Apfel und Sesam*

Rotkohl kennt man normalerweise eher in der gekochten Version zu Braten und Co. Als leckere Hauptkomponente in diesem winterlichen Salat schmeckt er zusammen mit Apfel und cremigem Buttermilchdressing herrlich erfrischend.

**ZUTATEN**

**FÜR CA. 4–6 PORTIONEN**

400 g Rotkohl
2 Karotten
1 kleinerer Apfel
½ Bund Petersilie
225 g Mayonnaise
30 ml neutrales Öl
1 EL heller, milder Essig
100 ml Buttermilch
30 g Zucker
½ TL Salz
30 g weißer Sesam

**ZUBEREITUNG**

1. Den Rotkohl halbieren, vierteln, den Strunk herausschneiden und den Rest in feine Streifen schneiden. Die Karotten und den Apfel schälen, den Apfel vom Kerngehäuse befreien und beides fein raspeln. Beides zusammen mit den Rotkohlstreifen in eine größere Schüssel geben. Die Blattpetersilie unter fließendem Wasser abbrausen, trockentupfen, grob hacken und mit in die Schüssel geben.
2. Die restlichen Zutaten in einer separaten kleinen Schüssel gut vermischen und über den Salat geben. Alles gründlich durchrühren und bis zum Servieren im Kühlschrank durchziehen lassen.

*Tipp*

Für eine besondere, leicht saure Note eine Handvoll getrocknete, grob zerkleinerte Cranberrys unter den Salat mischen.

# ROTE-BETE-LINSENSALAT

## *mit Feta*

An Silvester nehme ich den Rote-Bete-Linsensalat gerne zu Einladungen bei Freunden oder der Familie mit. Er darf gerne lange durchziehen und schmeckt sogar am nächsten Tag fast noch besser.

**ZUTATEN**

**FÜR 4 PORTIONEN**

275 g Linsen
1–2 Schalotten
3–4 EL Olivenöl
400 ml Gemüsebrühe
400 g vorgekochte Rote Bete
125 g Feta
1 Bund glatte Petersilie
3–4 EL fruchtiger, milder Essig
1 EL Honig
1 TL Senf
Salz und Pfeffer

**ZUBEREITUNG**

1. Die Linsen in ein feines Küchensieb geben, unter fließendem Wasser abbrausen und abtropfen lassen.
2. Die Schalotten schälen und in kleine Würfel schneiden. 1–2 EL des Olivenöls in einem mittelgroßen Topf erhitzen und die Schalotten darin glasig andünsten. Die Linsen zugeben, kurz mitbraten und mit der Gemüsebrühe ablöschen. Die Flüssigkeit kurz aufkochen lassen und die Linsen für weitere 6–7 Minuten bissfest garkochen.
3. In der Zwischenzeit die Rote Bete und den Fetakäse in mundgerechte Stücke schneiden. Die Petersilie kurz unter fließendem Wasser abbrausen und fein hacken.
4. Den Essig, den Honig und den Senf mit dem restlichen Olivenöl in einer kleinen Schüssel verquirlen und zusammen mit den Rote-Bete- und Fetawürfeln in einer größeren Salatschüssel mischen. Die Flüssigkeit der Linsen abschütten. Die Linsen kurz auskühlen lassen und mit in die Schüssel geben. Alles gut durchrühren und mit Salz und Pfeffer abschmecken. Den Salat vor dem Verzehr mehrere Stunden gut durchziehen lassen.

# SESAMKRINGEL

Das Eintunken in Sirup verleiht den Sesamkringeln eine leichte Süße, wodurch sie gleichermaßen zu salzigen wie auch zu süßen Aufstrichen und Dips passen.

**ZUTATEN**

**FÜR 8–10 KRINGEL**

200 ml Wasser
200 ml Milch
10 g Zucker
½ Würfel Hefe
800 g Mehl Type 550
1–2 TL Salz
ca. 150 ml Öl
2 EL Zuckerrübensirup
5–6 EL lauwarmes Wasser
Sesam zum Bestreuen

**ZUBEREITUNG**

1. Für den Hefeteig zunächst das Wasser und die Milch in einem kleinen Topf handwarm erwärmen (ca. 37 Grad). Den Zucker und die Hefe zugeben und unterrühren, bis sich beides vollständig aufgelöst hat. Das Mehl, das Salz und das Öl in eine größere Rührschüssel geben. Die noch lauwarme Hefemilch zügig untermischen, alles zu einem geschmeidigen Teig verkneten und diesen abgedeckt für ca. 1–2 Stunden an einem warmen Ort ruhen lassen.
2. Wenn sich das Volumen des Hefeteigs ungefähr verdoppelt hat, diesen mit einer Teigkarte in 8-10 gleich große Stücke teilen. Jedes Stück zu einem etwa 30 cm langen Strang formen. Jeden der Stränge längs teilen und die so entstandenen zwei Stränge miteinander verzwirbeln.
3. Die verzwirbelten Stränge jeweils zu Ringen zusammenschließen, mit einem sauberen Tuch abdecken und nochmals für ca. 20 Minuten gehen lassen.
4. Den Backofen auf 180 °C Ober-/Unterhitze vorheizen und ein Backblech mit Backpapier auslegen.
5. Den Zuckerrübensirup in einer Schüssel im lauwarmem Wasser unter Rühren auflösen. Den Sesam in eine zweite Schüssel geben.
6. Die Heferinge erst in Sirupwasser tunken, rundum mit Sesam bestreuen und auf das vorbereitete Backblech setzen. Die Sesamringe 20–30 Minuten backen, bis sie goldbraun werden.

Alternativ kann man
die Kringel auch
mit Mohn bestreuen.

# *Rustikales* CIABATTABROT *mit Walnüssen*

Ein gutes Brot kommt als Mitbringsel immer gut an und kann mit nahezu allem kombiniert werden. Dieses rustikale Ciabattabrot ist schnell gebacken. Innen luftig-weich und außen zartknusprig passt es zu nahezu jeder Art von Suppen und Vorspeisen.

**ZUTATEN**

**FÜR 2 BROTE À 15 SCHEIBEN**

300 ml Wasser
½ Würfel Hefe
15 g Salz
1 TL Zucker
20 ml Olivenöl
500 g Mehl + etwas zum Bestäuben
75 g gehackte Walnüsse

**ZUBEREITUNG**

1. Das Wasser in einem kleinen Topf vorsichtig auf ca. 37 °C erwärmen. Die Hefe hineinbröseln und unterrühren, bis sie sich vollständig aufgelöst hat. Das Salz, den Zucker und das Olivenöl ebenfalls zugeben.
2. Das Mehl zusammen mit dem Hefewasser in eine größere Rührschüssel geben. Die Zutaten mit Hilfe der Küchenmaschine für mehrere Minuten zu einem homogenen Teig kneten. Kurz vor Ende die gehackten Walnüsse zugeben.
3. Den Teig an einem warmen Ort zugedeckt für mindestens 1 Stunde ruhen lassen. In der Zwischenzeit ein Backblech mit Backpapier auslegen.
4. Den Teig auf eine bemehlte Arbeitsfläche geben, mit einem Teigschaber in 2 Teile teilen, jedes der Teile zu einem länglichen Ciabatta formen und beide Teiglinge mit etwas Abstand zueinander auf das vorbereitete Backblech setzen.
5. Die Teiglinge mit Mehl bestäuben und zugedeckt weitere 30 Minuten gehen lassen. Gegen Ende der Gehzeit den Backofen auf 200 °C Umluft vorheizen. Die Ciabattas 30 Minuten backen, auf ein Kuchengitter umsetzen und abkühlen lassen.

## *Tipps*

Die Ciabattas sind fertig gebacken, wenn sie beim Klopfen auf die Unterseite hohl klingen. Um die Ciabattas noch rustikaler aussehen zu lassen, können die Teiglinge nach dem Teilen etwas in sich verdreht werden.

## *Cremige*
# KÜRBISKERNBUTTER

Die Kürbiskernbutter wird durch die Zugabe von Frischkäse und Öl besonders cremig. Die leichte Bitternote der Kürbiskerne harmoniert perfekt mit der feinen Schärfe der Schalotten und des Knoblauchs.

**ZUTATEN**
**FÜR 5–6 PORTIONEN**

100 g Kürbiskerne
1 Schalotte
2 Knoblauchzehen
etwas Öl zum Anbraten
½ Bund glatte Petersilie
40 ml Kürbiskernöl
50 g Frischkäse
100 g weiche Butter
Salz und Pfeffer

**ZUBEREITUNG**

1. Die Kürbiskerne ohne Zugabe von Öl in einer beschichteten Pfanne rösten und anschließend auskühlen lassen.
2. In der Zwischenzeit die Schalotte und die Knoblauchzehen schälen, in feine Würfel schneiden, in etwas Öl glasig andünsten und ebenfalls auskühlen lassen.
3. Die abgekühlten Kürbiskerne in einem leistungsstarken Mixer fein mahlen und zusammen mit den Knoblauch- und Schalottenwürfeln in eine Schüssel geben. Die Petersilie fein hacken und hinzugeben. Alle weiteren Zutaten zugeben und alles gut miteinander vermengen. Mit Salz und Pfeffer abschmecken und bis zum Servieren im Kühlschrank aufbewahren.

# TRÜFFEL-ZITRONENBUTTER

Die Trüffelbutter passt perfekt zu hellem, knusprigen Brot, aromatischem Käse und einem Glas Wein.

**ZUTATEN**
**FÜR 5–6 PORTIONEN**

40 g schwarzer Trüffel, in Öl eingelegt oder frisch
200 g sehr weiche Butter
1–2 TL grobes Salz
½ TL Zitronensaft
Abrieb einer halben Bio-Zitrone

**ZUBEREITUNG**

Den schwarzen Trüffel fein hobeln, anschließend in kleine Stücke schneiden und in eine mittelgroße Schüssel geben. Alle weiteren Zutaten zugeben und alles gut miteinander vermengen. Bis zum Servieren im Kühlschrank aufbewahren.

# FRISCHKÄSEKUGELN

## *mit Pistazien und Cranberrys*

Die Frischkäsekugeln sind schnell gemacht und können dank der Salzstangen auch ohne Besteck verzehrt werden. Ich kombiniere sie gerne auf einem rustikalen Holzbrett zu weiteren Käsesorten, Chutneys und Buttervariationen.

**ZUTATEN**

**FÜR CA. 15 KUGELN**

½ Bund Schnittlauch
200 g milder Ziegenfrischkäse
1 TL Honig
Salz und Pfeffer
20 g Pistazien
20 g Walnüsse
50 g getrocknete Cranberrys
1 EL knusprige Röstzwiebeln
15 Salzstangen (optional)

**ZUBEREITUNG**

1. Den Schnittlauch fein hacken, zusammen mit dem Frischkäse und dem Honig in eine Schüssel geben, gut vermengen und mit Salz und Pfeffer abschmecken. Mit angefeuchteten, kalten Händen aus der Masse ca. 15 Kugeln formen. Diese für 30 Minuten kaltstellen.
2. In der Zwischenzeit die Pistazien, Walnüsse und Cranberrys hacken und in einen tiefen Teller geben. Die Röstzwiebeln in einem Mörser zerkleinern und ebenfalls zugeben. Die Frischkäsekugeln aus dem Kühlschrank nehmen und in der Nussmischung wälzen. Jede Kugel optional mit einer Salzstange versehen.

### *Tipp*

Wer keine Kugeln formen möchte, kann die Frischkäsemasse auch mit Hilfe von Frischhaltefolie zu einer langen Rolle formen und diese in den restlichen Zutaten wälzen.

# GEDREHTE GRISSINI

## *mit Parmesan*

Diese käsigen Grissini mit Sesam kommen einfach auf jedem Buffet gut an.

**ZUTATEN**

**FÜR CA. 25–30 GRISSINI**

250 g Mehl
140 ml lauwarmes Wasser
10 g frische Hefe
20 ml Olivenöl
1 TL Salz
1–2 EL geriebener Parmesan
2–3 EL weißer Sesam zum Bestreuen
grobes Meersalz zum Bestreuen

**ZUBEREITUNG**

1. Das Mehl in eine etwas größere Rührschüssel sieben und mittig eine Mulde eindrücken. Das lauwarme Wasser vorsichtig hineingeben und die Hefe darin auflösen. Das Olivenöl, das Salz und den geriebenen Parmesan zugeben und den Teig mit Hilfe einer Küchenmaschine ca. 5 Minuten kneten, bis sich dieser von den Innenwänden der Schüssel löst.
2. Den Teig in eine leicht gefettete Schüssel umfüllen und abgedeckt an einem warmen Ort für ca. 1 Stunde gehen lassen, bis sich das Volumen ungefähr verdoppelt hat.
3. Den Backofen zusammen mit dem Backblech auf 200 °C Umluft vorheizen und zwei Backpapiere bereitlegen.
4. Den Teig nun auf eine bemehlte Arbeitsfläche geben und ca. 1 cm dick zu einem Rechteck ausrollen. Jetzt den Teig mit etwas Wasser besprühen und mit Sesam und grobem Meersalz bestreuen. Den Teig in ca. 1 cm dicke Streifen schneiden, leicht in sich verdrehen, mit etwas Abstand auf die vorbereiteten Backpapiere verteilen und nochmals 30 Minuten gehen lassen.
5. Die Grissini mit dem Backpapier auf das heiße Backblech ziehen und nacheinander jeweils für 8–10 Minuten goldgelb backen. Zum Abkühlen auf ein Gitter umsetzen.

Weihnachten

Selbst gemachter
Vanillezucker lässt sich vielseitig
in der Weihnachtsküche
verwenden.

# WEIHNACHTLICHE GESCHENKIDEEN

## *aus der Küche*

Leckere Liköre mit weihnachtlichen Gewürzen, kleine Pralinen oder selbst gemachte Chutneys und Senfvariationen – Geschenke aus der Küche kommen besonders in der Weihnachtszeit gut an.

# GEWÜRZORANGENGELEE

Selbst gemachte Marmeladen und Gelees dürfen auch in der festlichen Zeit nicht fehlen. Mit winterlichen Gewürzen verfeinert, bringt dieses Orangengelee ein ganz besonderes Aroma auf den Frühstückstisch. Sauber verarbeitet und gut verschlossen, eignen sich kleine Gläschen perfekt zum Verschenken.

**ZUTATEN**

**FÜR 2 GLÄSER À 250 ML**

1 Vanilleschote
ca. 12 große Bio-Orangen (sollte ca. 1 l Saft ergeben)
2 EL Zitronensaft
2–3 Zimtstangen
2–3 Kardamomkapseln
10 Nelken
4 Sternanis
500 g Gelierzucker 2:1

**ZUBEREITUNG**

1. Die Vanilleschote aufschlitzen und das Mark herauskratzen. Die Orangen auspressen und den Saft zusammen mit dem Zitronensaft, den Gewürzen und dem Vanillemark für 1–2 Stunden in einer Schüssel durchziehen lassen.
2. Anschließend in einen mittelgroßen Topf geben, kurz aufkochen lassen und für ca. 10–15 Minuten bei mittlerer Hitze ziehen lassen. Den Saft abkühlen lassen, die Gewürze entfernen und den Gelierzucker unterrühren. Nochmals alles sprudelnd aufkochen und für ca. 5 Minuten sanft köcheln lassen. Das fertige, heiße Gelee sofort in saubere, gut verschließbare Gläser füllen, diese verschließen und das Gelee auskühlen lassen.

guten

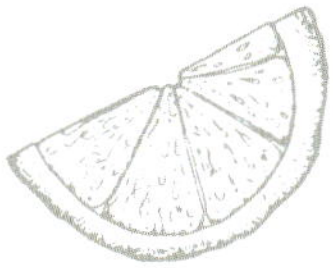

# *Kandierte* ORANGENSCHEIBEN

Kandierte Orangenscheiben sind in Zuckersirup getränkte, getrocknete und dünn aufgeschnittene Orangenscheiben. Als kleine, selbst gemachte Süßigkeit schmecken sie pur oder in Zartbitterschokolade getaucht.

**ZUTATEN**

**FÜR CA. 25 SCHEIBEN**

4 Bio-Orangen
500 g Zucker
350 ml Wasser
200 g Zartbitterschokolade

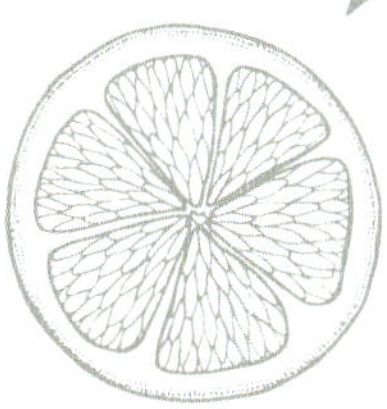

**ZUBEREITUNG**

1. Die Orangen gründlich unter fließendem Wasser waschen und in dünne Scheiben schneiden. Den Zucker zusammen mit dem Wasser in einem mittelgroßen Topf aufkochen lassen, bis sich der Zucker vollständig gelöst hat und der Sirup beginnt einzudicken. Jetzt die Hitze reduzieren, die Orangenscheiben dazugeben und für ca. 1 Stunde leicht simmernd ziehen lassen. Anschließend den Sirup mit den Orangenscheiben beiseitestellen, mit einem Deckel versehen und für ca. 12 Stunden kühl und dunkel ziehen lassen.
2. Die Orangenscheiben aus dem Sirup nehmen, abtropfen lassen und auf einem mit Backpapier ausgelegten Backblech für mehrere Stunden trocknen lassen.
3. Die Zartbitterschokolade in kleine Stücke brechen und in einer kleinen Schüssel über einem Wasserbad vollständig schmelzen. Die getrockneten Orangenscheiben etwa zur Hälfte in die Schokolade tauchen und erneut auf einem mit Backpapier belegten Backblech trocknen lassen.

## *Haltbarkeit, Verwendung & Aufbewahrung*

Die Orangenscheiben sind etwa 4–6 Wochen haltbar.
Vollständig getrocknet sollten sie luftdicht verpackt aufbewahrt werden und eignen sich auch als Kuchen- oder Keksdekoration.

# TIRAMISU-PRALINEN

Tiramisu-Pralinen sind schnell gemacht und eignen sich sowohl als spontanes Geschenk aus der Küche wie auch als einfache Kuchenalternative zum Adventskaffee.

**ZUTATEN**

**FÜR 25 PRALINEN**

250 g Löffelbiskuits (Rezept Seite 94)
150 g Mascarpone
60 ml starker, frischer, kalter Kaffee
20 ml Kaffeelikör (Rezept Seite 141)
1 Prise Zimt
2–3 EL Kakaopulver

**ZUBEREITUNG**

1. Die Löffelbiskuits in einem leistungsstarken Mixer fein zu Bröseln zerkleinern und in eine mittelgroße Schüssel füllen. Den Mascarpone, den abgekühlten Kaffee, den Kaffeelikör und den Zimt zu den Löffelbiskuitbröseln hinzugeben. Alle Zutaten zu einer homogenen Masse verarbeiten und diese abgedeckt für ca. 2–3 Stunden kaltstellen.
2. Anschließend mit angefeuchteten Händen aus der Masse kleine Kugeln formen, in Kakao wälzen und nochmals für 1 Stunde kaltstellen. Im Kühlschrank halten sich die Tiramisupralinen ca. 1 Woche.

# BIRNENCHUTNEY

*mit Kardamom*

Seit ein paar Jahren ist es bei uns fast zu einer kleinen Tradition geworden, an den Feiertagen zu später Stunde für alle ein rustikales Käsebrett zu servieren. Man genießt den späten Abend, die gute Stimmung und eine Kleinigkeit zu essen. Dieses Chutney ist neben dem Feigensenf von Seite 135 jedes Jahr aufs Neue der absolute Liebling.

ZUTATEN

FÜR 2 GLÄSER À 250 G

3–4 Birnen
1 kleinere Zwiebel
1 Knoblauchzehe
1 Vanilleschote
etwas neutrales Öl
75 ml milder, heller Essig
125 g Zucker
3 Msp. gemahlener Kardamom
½ TL Zimt
Salz und Pfeffer

ZUBEREITUNG

1. Die Birnen schälen, vom Kerngehäuse befreien und in kleine Würfel schneiden. Die Zwiebel und den Knoblauch ebenfalls schälen und in kleine Würfel schneiden. Die Vanilleschote längs aufschneiden und das Mark herauskratzen.
2. Die Birnen-, Zwiebel- und Knoblauchwürfel zusammen mit dem Vanillemark und etwas neutralem Öl in einem kleinen Topf andünsten. Die restlichen Zutaten zugeben und unter ständigem Rühren kurz aufkochen lassen.
3. Das Chutney anschließend für 20–30 Minuten leicht köcheln lassen, bis die Birnenwürfel weich sind. Zum Schluss alles mit Salz und Pfeffer abschmecken und noch heiß in saubere, gut verschließbare Gläser füllen.

## *Haltbarkeit, Aufbewahrung & Verwendung*

Das Birnenchutney sollte im Kühlschrank aufbewahrt werden. Es ist ca. 3–4 Wochen haltbar und schmeckt besonders gut zu Käse, Kartoffelgerichten oder als Topping auf Flammkuchen.

# FEIGENSENF

Der Feigensenf hat ein wunderbar feines, süß-scharfes Aroma und ist das perfekte Geschenk für jeden Käseliebhaber.

**ZUTATEN**

**FÜR CA. 150–200 G SENF**

100 g brauner Zucker
50 ml Apfelessig
5–6 frische, reife Feigen (entspricht in etwa 100 g Fruchtfleisch)
3 EL weiße Senfkörner
2 EL heller, milder Honig

**ZUBEREITUNG**

1. Den Zucker zusammen mit dem Essig in einem kleinen Topf aufkochen und etwas eindicken lassen.
2. Die Feigen halbieren und das Fruchtfleisch mit einem Löffel herausnehmen. Das Fruchflleisch zum Essigzucker in den Topf geben, für ca. 15–20 Minuten bei mittlerer Hitze mit Deckel köcheln lassen und dabei gelegentlich umrühren. In der Zwischenzeit die Senfkörner mit einem Mörser etwas zerstoßen.
3. Die eingekochte Masse im Topf pürieren und den Honig sowie die gemörserten Senfkörner dazugeben. Den fertigen Senf noch heiß in saubere, gut verschließbare Gläser füllen und diese sofort fest verschließen.

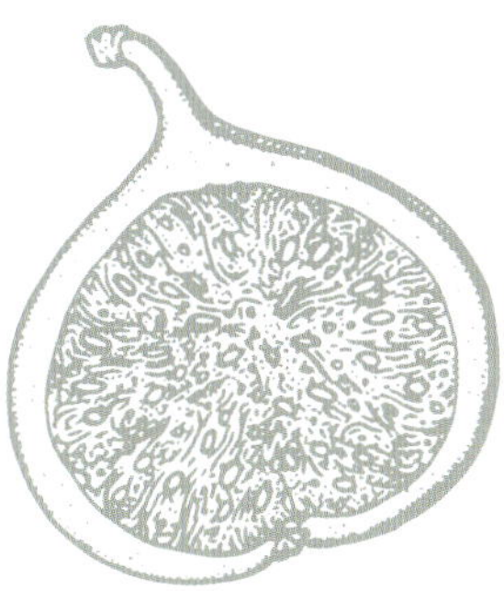

## *Haltbarkeit, Aufbewahrung & Verwendung*

Sein volles Aroma entfaltet der Senf erst nach ca. 1–2 Wochen.
Im Kühlschrank aufbewahrt ist dieser ca. 4–6 Wochen haltbar.
Der Feigensenf passt gut zu Käse.

*Cremiger*

# ORANGEN-BALSAMICO

Der Orangen-Balsamico ist schnell gemacht und benötigt nur wenige Zutaten. Durch das lange Einkochen wird der Balsamico wunderbar cremig in der Konsistenz.

**ZUTATEN**

**FÜR CA. 350–400 ML**

100 g Zucker
300 ml heller Balsamicoessig + mehr bei Bedarf
4 Orangen

**ZUBEREITUNG**

1. Den Zucker zusammen mit dem Essig vorsichtig erhitzen, bis sich der Zucker vollständig gelöst hat. Die Orangen schälen, filetieren und das Fruchtfleisch klein schneiden. Diese zum Essigsud zugeben und 15–20 Minuten einkochen, bis die Feigen weich sind.
2. Jetzt alles fein pürieren und durch ein feines Sieb zurück in den Topf passieren. Je nach Konsistenz nun nochmals aufkochen und eindicken lassen oder schlückchenweise kleinere Mengen Essig unterrühren.
3. Den fertigen Balsamico noch heiß in saubere, gut verschließbare Flaschen füllen und diese im Kühlschrank aufbewahren.

## *Haltbarkeit & Aufbewahrung*

Im Kühlschrank ist der Balsamico ca. 1 Jahr haltbar. Auch die Aufbewahrung bei Zimmertemperatur ist möglich; die Haltbarkeit reduziert sich hier jedoch auf 2–3 Monate.

Post
aus meiner
Küche
Weihnachten

# Schneller SENFKAVIAR

Senfkaviar besteht im Grunde genommen aus in Essig eingelegten ganzen Senfkörnern. Durch den braunen Zucker und den Honig schmeckt er leicht süßlich. Er erinnert etwas an süßen Senf und kann auch genauso verwendet werden.

**ZUTATEN**

**FÜR 1 KLEINES GLAS À 200 G**

100 ml Apfelessig
2 EL Honig
2 EL brauner Zucker
½ TL Salz
80 g Senfkörner

**ZUBEREITUNG**

1. Für den Senfkaviar alle Zutaten außer den Senfkörnern in einen mittelgroßen Topf geben und kurz aufkochen lassen. Nun die Flüssigkeit für einige Minuten leicht köcheln lassen, bis sich der Zucker und der Honig vollständig gelöst haben.
2. Zum Schluss die Senfkörner unterrühren und alles noch heiß in saubere, gut verschließbare Gläser füllen.

## Tipp:

Vor dem ersten Verzehr sollte der Senfkaviar ca. 5–7 Tage durchziehen.

## Haltbarkeit & Aufbewahrung

Der Senfkaviar sollte im Kühlschrank aufbewahrt werden und ist dort ca. 4 Wochen haltbar.

POST
aus meiner
KÜCHE

# *Schneller* SAHNE-KAFFEELIKÖR

Dieser Sahnelikör macht sich eisgekühlt perfekt als Aperitif.

**ZUTATEN**

**FÜR CA. 750 ML**

1 Vanilleschote
1 kleine Zimtstange
150 g brauner Zucker
75 g Kaffeepulver
400 ml Sahne
200 ml brauner Rum

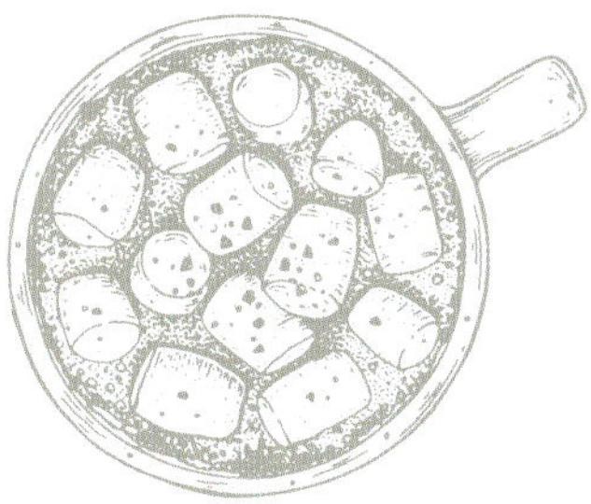

**ZUBEREITUNG**

1. Die Vanilleschote aufschneiden und das Mark herauskratzen. Die Vanilleschote, das Vanillemark und alle restlichen Zutaten bis auf den Rum in einen kleinen Topf geben, kurz aufkochen lassen und anschließend einige Minuten etwas einkochen lassen. Die Flüssigkeit etwas abkühlen lassen und den Rum unterrühren.
2. Den Likör durch ein feines Küchensieb oder einen Kaffeefilter gießen und dabei den Kaffeesatz, die Zimtstange sowie die Vanilleschote auffangen. Den fertigen Likör in saubere, gut verschließbare Flaschen füllen.

## *Haltbarkeit, Verwendung & Aufbewahrung*

Im Kühlschrank aufbewahrt ist der Likör mehrere Wochen haltbar.
Am besten schmeckt er eiskalt aus dem Kühlschrank.
Ich verwende den Likör auch gerne für die Tiramisu-Pralinen von Seite 130 oder in klassischem Tiramisu.

# MARZIPANLIKÖR

Dieser Marzipanlikör ist der Inbegriff der Weihnachtszeit: herrlich mild, mit leichtem Schokoladengeschmack und der vollen Ladung Marzipan.

**ZUTATEN**

**FÜR CA. 1 L**

350 g Marzipan
50 g weiße Schokolade
200 g Milch
200 g Sahne
1 Vanilleschote
300 ml weißer Rum

**ZUBEREITUNG**

1. Das Marzipan und die weiße Schokolade mit einer Küchenreibe oder einem leistungsstarken Mixer zerkleinern und zusammen mit der Milch und der Sahne in einem mittelgroßen Topf erwärmen. Die Vanilleschote aufschneiden und auskratzen, das Vanillemark dazugeben und unter Rühren weitere Minuten ziehen lassen, bis sich alle Bestandteile in der Milch aufgelöst haben.
2. Die Milchmischung ein paar Minuten abkühlen lassen, den Rum dazugeben und nochmals gut durchrühren. Den Likör sofort in saubere, gut verschließbare Flaschen füllen.

## *Haltbarkeit, Verwendung & Aufbewahrung*

Der Marzipanlikör ist ca. 1 Woche haltbar und sollte gut verschlossen im Kühlschrank aufbewahrt werden. Am besten schmeckt er eiskalt aus dem Kühlschrank.

# BLUTORANGENSIRUP

## *mit Aperol*

Wir trinken diesen Blutorangensirup am liebsten heiß als kurzen Shot. Schon allein seine knallige orange-rote Farbe ist ein echter Hingucker.

**ZUTATEN**

**FÜR CA. 1 L**

10 Pimentkörner
8 Kardamomkapseln
1 l Blutorangensaft (etwa 11–12 Blutorangen)
200 g Zucker
2 Zimtstangen
5–6 Nelken
1 Bio-Orange
1-2 EL Zitronensaft
200 ml Aperol

**ZUBEREITUNG**

1. Die Pimentkörner zusammen mit den Kardamomkapseln im Mörser zerstoßen. Den Blutorangensaft zusammen mit dem Zucker, den Zimtstangen, den Pimentkörnern, dem Kardamom und den Nelken in einem mittelgroßen Topf kurz aufkochen lassen. Die Bio-Orange in Scheiben schneiden und mit dem Zitronensaft in den Topf geben. Alles für ca. 40 Minuten köcheln lassen, etwas eindicken lassen und zum Abkühlen zur Seite stellen.
2. Den Aperol zugeben und den fertigen Sirup nochmals 1 Stunde ziehen lassen.
3. Zum Schluss alles durch ein feines Küchensieb filtern und am besten noch heiß in saubere, gut verschließbare Flaschen füllen.

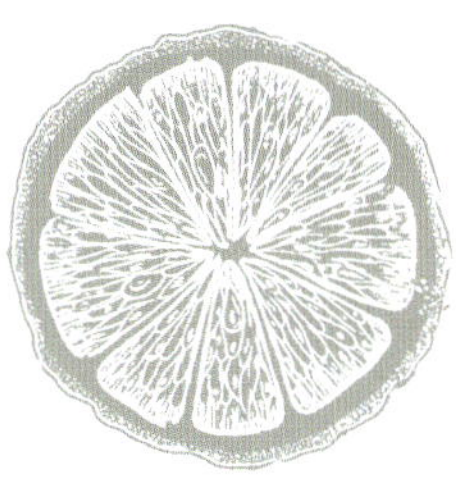

## *Haltbarkeit, Verwendung & Aufbewahrung*

Der Sirup ist dank seines hohen Zucker- und Alkoholgehalts lange haltbar. Er sollte stets im Kühlschrank aufbewahrt werden. Am besten schmeckt er als heißer Shot oder gemischt mit Prosecco auf Eis.

# CRANBERRY-GIN

Cranberrys haben einen eher sauren Eigengeschmack
und geben Gin ein einzigartiges Aroma und eine großartige Farbe.
Die Wartezeit lohnt sich in jedem Fall.

**ZUTATEN**

**FÜR ETWA 500 ML FERTIGEN GIN**

4 Sternanis
300 g frische Cranberrys
500 ml Gin

**ZUBEREITUNG**

1. Den Sternanis in einer beschichteten Pfanne ohne Fett vorsichtig anrösten und beiseitestellen. Die Cranberrys putzen, waschen und rundherum mehrmals mit einem Holzspieß vorsichtig einstechen.
2. Die Beeren zusammen mit dem gerösteten Sternanis in ein großes, sauberes, gut verschließbares Gefäß geben und mit dem Gin aufgießen.
3. Den Gin für etwa 7 Tage dunkel und kühl ziehen lassen, dabei das Gefäß immer mal wieder anheben und vorsichtig schütteln.
4. Nach Ende der Ziehzeit den Gin durch ein sauberes Küchentuch oder ein feines Küchensieb filtern und in saubere, gut verschließbare Flaschen füllen.

## *Haltbarkeit, Verwendung & Aufbewahrung*

Der aromatisierte Cranberry-Gin ist ca. 3–4 Monate haltbar
und sollte stets dunkel und eher kühl aufbewahrt werden.
Er schmeckt am besten gemischt mit Tonic.

POST
aus meiner
KÜCHE

# CRANBERRY-ROSMARIN-SIRUP

Die alkoholfreie Alternative zum Cranberry-Gin ist dieser Cranberry-Sirup. Verfeinert mit einem Hauch Rosmarin bildet der Sirup die perfekte Grundlage für einen weihnachtlichen Aperitif.

**ZUTATEN**

**FÜR CA. 300 ML FERTIGEN SIRUP**

150 g frische Cranberrys
1 Bio-Orange
150 ml Wasser
150 g Zucker
2–3 Zweige frischer Rosmarin

**ZUBEREITUNG**

1. Die Cranberrys putzen, waschen und vorsichtig abtrocknen. Die Orange in Scheiben schneiden.
2. Das Wasser zusammen mit dem Zucker in einen mittelgroßen Topf geben und aufkochen lassen, bis sich der Zucker vollständig aufgelöst hat. Die Cranberrys und die Orangenscheiben ebenfalls in den Topf geben und bei mittlerer Hitze ca. 20 Minuten leicht köcheln lassen.
3. Ist der Sirup etwas eingedickt und sind die Cranberrys weich, den Topf zur Seite stellen, die Rosmarinzweige zugeben und den Topf mit einem sauberen Küchentuch abdecken. Den Sirup ungefähr 3-4 Stunden abkühlen und ziehen lassen. Die Rosmarinzweige und die Orangenscheiben entfernen und den Sirup zusammen mit den Beeren in eine saubere, gut verschließbare Flasche füllen.

## *Haltbarkeit, Verwendung & Aufbewahrung:*

Der Sirup ist gut verschlossen ungefähr 4–6 Wochen haltbar.
Für einen Cranberry-Spritz 3–4 EL des Sirups mit Prosecco oder Mineralwasser auffüllen und eiskalt genießen.

# LAST-MINUTE-APFEL-VANILLELIKÖR

Mir wurde mal gesagt, dieser Likör schmecke wie „flüssiger, warmer Apfelstrudel".

**ZUTATEN**

**FÜR CA. 600 ML SIRUP**

1 Vanilleschote
Abrieb von 1 Bio-Orange
250 ml naturtrüber Apfelsaft
200 g Zucker
2 EL Vanillezucker
2 Zimtstangen
300 ml weißer Rum

**ZUBEREITUNG**

1. Die Vanilleschote mit einem scharfen Messer aufschneiden und auskratzen und das Vanillemark zur Seite stellen. Die Orange heiß waschen, abtrocknen und die Schale mit einer feinen Küchenreibe vorsichtig abreiben.
2. Den naturtrüben Apfelsaft zusammen mit dem Zucker, dem Vanillezucker, den Zimtstangen, dem Vanillemark und dem Orangenabrieb in einem mittelgroßen Topf kurz aufkochen lassen. Im Anschluss einige Minuten durchziehen und abkühlen lassen.
3. Zum Schluss den weißen Rum zugeben und die gesamte Flüssigkeit durch ein feines Küchensieb geben. Den fertigen Likör in saubere, gut verschließbare Flaschen füllen.

## *Haltbarkeit, Verwendung & Aufbewahrung:*

Der Likör ist dank seines hohen Zucker- und Alkoholgehalts lange haltbar.
Im Kühlschrank aufbewahrt hält er sich mehrere Monate.
Der Apfel-Vanillelikör kann sowohl heiß als auch kalt als Aperitif getrunken werden.
Der Likör sollte jedoch nur vorsichtig erwärmt und nicht gekocht werden.

## *Tipp*

**SELBST GEMACHTER VANILLEZUCKER**

Die ausgekratzte Vanilleschote kann für selbst gemachten Vanillezucker verwendet werden. Dazu einfach ein sauberes Einmachglas mit Zucker füllen und die Vanilleschote zugeben. Das Glas gut verschließen. Den Vanillezucker so einige Tage durchziehen lassen und gelegentlich kurz schütteln. Die Vanilleschote gibt ihr Aroma an den Zucker ab und dieser kann nun zum Backen verwendet werden.

from me
to you

# COCKTAILS, APERITIFE UND KLEINE AUSZEITEN

## *aus Glas und Tasse*

Feuerzangenbowle beim gemütlichen Beisammensein vor dem Kamin, Mandelpunsch auf dem Weihnachtsmarkt oder Amaretto-Spritz und Gingerbread White Russian am Silvesterabend: Das richtige Getränk rundet einen gelungenen Abend erst so richtig ab.

Wacholderbeeren, Kräuter und viele verschiedene Gewürze werden zur Ginherstellung genutzt. Der charakteristische Geschmack passt daher perfekt in die winterliche Zeit.

# *Wärmender* APFEL-GLÜHGIN

**ZUTATEN**

**FÜR 2 GLÄSER**

2–3 Bio-Orangen
400 ml naturtrüber Apfelsaft
6 Gewürznelken
1 Zimtstange
1–2 Spritzer Zitronensaft
80 ml Gin

**ZUBEREITUNG**

1. Die Bio-Orangen heiß abwaschen, die Schale abreiben und den Saft auspressen. Nun den Saft und den Orangenabrieb zusammen mit dem naturtrüben Apfelsaft, den Gewürzen und dem Zitronensaft in einem mittelgroßen Topf erwärmen und ca. 20 Minuten mit geschlossenem Deckel köcheln lassen.
2. Zum Schluss den Gin zugeben, alles auf die Gläser verteilen und noch heiß servieren.

*Tipp*

Das Rezept kann auch mit Cranberry- oder Johannisbeersaft statt naturtrübem Apfelsaft abgewandelt werden.

# GIN BELLS

**ZUTATEN**

**FÜR 2 GLÄSER**

1 Gewürznelke
1 Sternanis
1 kleine Zimtstange
75 ml Gin
15 g brauner Zucker
100 ml Orangensaft
Eiswürfel
250 ml Tonic Water

**ZUBEREITUNG**

1. Die Gewürze in einem leistungsstarken Mixer zerkleinern. Den Gin zusammen mit dem braunen Zucker und dem Orangensaft in einen kleinen Topf füllen und die zerkleinerten Gewürze zugeben. Die Flüssigkeit kurz erwärmen, nicht kochen. Die Flüssigkeit beiseitestellen und 30 Minuten ziehen und dabei abkühlen lassen.
2. Anschließend den Gewürzgin durch ein feines Küchensieb filtern und zusammen mit den Eiswürfeln auf die Gläser verteilen, mit Tonic Water aufgießen und sofort servieren.

# GINGERBREAD WHITE RUSSIAN

Der White Russian gehört zu den klassischen Cocktails. Der Lebkuchensirup macht ihn zu etwas ganz Besonderem für die Weihnachtszeit.

**ZUTATEN**

**FÜR 2 GLÄSER**

Eiswürfel
100 ml Wodka
5–6 EL Sahne-Kaffeelikör
(Rezept Seite 141)
4 EL Lebkuchensirup (siehe Tipp)
5–6 EL Sahne

**ZUBEREITUNG**

1. Die Gläser etwa zur Hälfte mit Eiswürfeln füllen. Den Wodka, den Kaffeelikör und den Lebkuchensirup in einen Cocktailmixer geben, diesen verschließen und kräftig schütteln.
2. Die Mischung über die Eiswürfel in beide Gläser füllen. Die Sahne in einer Schüssel für eine dickere Konsistenz mit Hilfe eines Schneebesens kurz etwas aufschlagen, ebenfalls auf die Gläser verteilen und diese sofort servieren.

*Tipp*

**LEBKUCHENSIRUP SELBST MACHEN**

100 g braunen Zucker mit der gleichen Menge Wasser kurz in einem kleinen Topf aufkochen lassen, bis sich der Zucker gelöst hat. Dann etwas Vanillemark, 1 TL Zimt und je 1 Prise Muskat und Kardamom zugeben, kurz einrühren und für etwa 5 Minuten köcheln lassen, bis die Flüssigkeit etwas eindickt. Den Lebkuchensirup durch ein feines Küchensieb filtern und noch heiß in saubere, gut verschließbare Flaschen füllen. Der Lebkuchensirup hält sich im Kühlschrank aufbewahrt ca. 2 Wochen.

# GLÖGG

Ursprünglich ist der Glögg in den skandinavischen Ländern zu Hause. Bei uns wird die etwas raffiniertere Variante des klassischen Glühweins dank der fruchtig-süßen Rosinen und der Mandelstifte besonders gerne getrunken.

ZUTATEN
FÜR 4 GLÄSER À 200 ML

700 ml Rotwein
200 ml Rum
150 g Zucker
8 Kardamomkapseln
6 Gewürznelken
2 Sternanis
20 ml Ingwersaft
75 g Rosinen
1 Handvoll Mandelstifte

ZUBEREITUNG

1. Für den Glögg alle Zutaten bis auf die Rosinen und die Mandelstifte in einem mittelgroßen Topf erhitzen, nicht kochen, dabei öfter umrühren. Köcheln lassen, bis sich der Zucker aufgelöst hat. Den Glögg abgedeckt über Nacht ziehen lassen.
2. Am nächsten Tag den Glögg durch ein feines Küchensieb filtern und die Gewürze entfernen. Den Glögg erneut in einen Topf geben, die Rosinen und die Mandelstifte zugeben und nochmals vorsichtig erhitzen. 30 Minuten köcheln lassen und noch heiß servieren.

# SPEKULATIUS-CHAI

Spekulatius-Chai und Mandelpunsch passen sowohl an den Kaffeetisch am Nachmittag wie auch zum gemeinsamen Kaminabend mit Freunden. Der alkoholfreie Chai hat eine leichte Schwarzteenote und schmeckt würzig-süß nach Weihnachten.

**ZUTATEN**
**FÜR 5-6 GLÄSER**

600 ml Wasser
5–6 Beutel Schwarztee
2 cm frischer Ingwer
6 Pfefferkörner
1–2 Msp. Kardamom
4 Gewürznelken
2 Zimtstangen
1 Sternanis
30 g brauner Zucker
1 TL Spekulatiusgewürz
400 ml Milch

**ZUBEREITUNG**

1. 600 ml Wasser in einem mittelgroßen Topf aufkochen. Die Schwarzteebeutel in das heiße Wasser einhängen und für 5 Minuten ziehen lassen. Die Teebeutel herausnehmen und die Flüssigkeit beiseitestellen. Den Ingwer schälen und in dünne Scheiben schneiden.
2. Die Pfefferkörner in einem Mörser zerstoßen und zusammen mit den restlichen Gewürzen in einer kleinen beschichteten Pfanne vorsichtig anrösten, bis diese zu duften beginnen. Den Tee sowie die Ingwerscheiben und den braunen Zucker zugeben und alles bei geringer Hitze für ca. 10–15 Minuten leicht simmernd ziehen lassen.
3. Den fertigen Chai durch ein feines Küchensieb filtern und auf 6 hitzebeständige Gläser oder Tassen verteilen.
4. Zwei Drittel des Spekulatiusgewürzes in die Milch rühren. Die Milch erwärmen, aufschäumen und ebenfalls auf die Gläser verteilen. Das restliche Spekulatiusgewürz auf den Milchschaum aufstreuen und den Spekulatius-Chai heiß servieren.

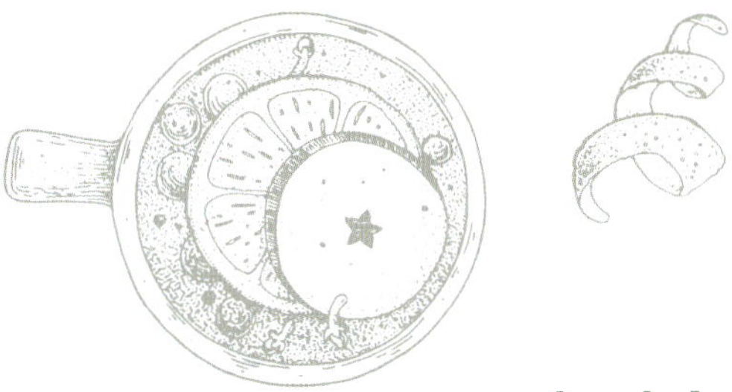

# MANDELPUNSCH

Der cremige Mandelpunsch mit Amarettini wird mit Milch aufgeschäumt und ist etwas für echte Marzipanfans.

**ZUTATEN**
**FÜR 2 GLÄSER**

15 Amarettinikekse
400 ml Milch
30 ml brauner Rum
30 ml Amaretto

**ZUBEREITUNG**

1. Zwei Dritttel der Amarettini in einem leistungsstarken Mixer zerkleinern.
2. Die Milch in einem mittelgroßen Topf erwärmen und alle weiteren Zutaten zugeben. Den Mandelpunsch mit einem Milchaufschäumer kurz schaumig aufschlagen und sofort noch heiß auf die Gläser verteilen. Die restlichen Amarettini zerbröseln und den Punsch damit garnieren.

# *Köstliche*
# SPRITZ-KREATIONEN

Es kann nicht genügend Gründe geben, um miteinander anzustoßen, oder? Die Weihnachtszeit liefert uns zum Glück ausreichend Möglichkeiten, das Leben zu feiern. Der eisgekühlte Birnen-Rosmarin-Spritz wie auch der Amaretto-Spritz eignen sich dazu perfekt.

## BIRNEN-ROSMARIN-SPRITZ

**ZUTATEN FÜR 2 GLÄSER**
250 ml Birnensaft
3 EL Rosmarinsirup (siehe Tipp)
1–2 Spritzer Zitronensaft
Eiswürfel
175 ml Ginger Ale

**ZUBEREITUNG**

1. Den Birnensaft, den Rosmarinsirup und den Zitronensaft in einen Cocktailmixer geben, diesen fest verschließen und gut schütteln.
2. Eiswürfel nach Belieben auf 2 Gläser verteilen, den gemixten Birnen-Rosmarinsaft darübergießen, beide Gläser gleichmäßig mit Ginger Ale auffüllen und sofort servieren.

### *Tipp*

**SELBST GEMACHTER ROSMARINSIRUP**

Für einen aromatischen Rosmarinsirup benötigt man 150 g Zucker, 3–4 frische Rosmarinzweige und 150 ml Wasser. Alle Zutaten in einen kleinen Topf geben und aufkochen lassen. Die Temperatur zurückstellen und so lange ohne Deckel köcheln lassen, bis sich der Zucker auflöst und der Sirup etwas eindickt. Den Sirup noch heiß durch ein feines Küchensieb filtern und in saubere, gut verschließbare Flaschen füllen.

## AMARETTO-SPRITZ

**ZUTATEN FÜR 1–2 GLÄSER**
Eiswürfel
60 ml Amaretto
50 ml naturtrüber Apfelsaft
50 ml Ginger Ale
1–2 Spritzer Zitronensaft
100 ml Prosecco
etwas Mineralwasser

**ZUBEREITUNG**

1. Die Eiswürfel auf die Gläser verteilen.
2. Alle Zutaten bis auf den Prosecco und das Mineralwasser in einen Cocktailmixer geben, diesen gut verschließen und kurz kräftig schütteln. Den Amaretto-Spritz auf die Gläser verteilen, mit Prosecco und etwas Mineralwasser auffüllen und eiskalt genießen.

Weihnachten

Für eine leicht saure Note beim Anrichten frische Cranberrys auf die Gläser verteilen.

# FEUERZANGENBOWLE

Eine gute Feuerzangenbowle ist der Inbegriff eines gelungenen Abends auf dem örtlichen Weihnachtsmarkt. Mit nur wenig Aufwand, guten Zutaten und etwas Übung gelingt das leckere Heißgetränk jedoch auch ohne Probleme zu Hause.

ZUTATEN

FÜR CA. 5–6 PORTIONEN

1 Vanilleschote
1,5 l trockener Rotwein
500 ml Orangensaft
2 Gewürznelken
2 Zimtstangen
2 Beutel Früchtetee
200 ml brauner Rum
1 Bio-Orange
1 Zuckerhut

ZUBEREITUNG

1. Das Mark der Vanilleschote auskratzen und zusammen mit dem Rotwein, dem Orangensaft, den Nelken, den Zimtstangen und den Früchteteebeuteln in einen mittelgroßen Topf geben, vorsichtig erhitzen, jedoch nicht kochen, und etwa 5 Minuten ziehen lassen. Den Rum in einem separaten, kleinen Topf erhitzen.
2. Die Teebeutel sowie die Nelken aus der Bowle entfernen und diese noch heiß in ein hitzebeständiges Gefäß umfüllen. Die Orange in Scheiben schneiden, zugeben und eine Feuerzange und einen Zuckerhut oben auf das Gefäß auflegen.
3. Den Rum in eine kleine Schüssel umfüllen und mit Hilfe einer Schöpkelle nach und nach auf den Zuckerhut geben. Den Zuckerhut anzünden und den Rum nun portionsweise weiterzugeben, bis der Zucker vollständig geschmolzen ist. Die fertige Feuerzangenbowle auf 5–6 Gläser verteilen und sofort servieren.

# REGISTER

## DANKSAGUNG

Der größte Dank geht wie so oft an meinen Mann Marco. Dafür, dass er mir so oft den Rücken freihält, geduldig mit mir ist und alles aufisst, was vor meine Linse tritt.

## ÜBER DIE AUTORIN

Carolin Jahn ist leidenschaftliche Autorin, Bloggerin und Fotografin. Seit 2018 schreibt und fotografiert sie für ihren Garten- und Foodblog „Parzelle14.com“ saisonale Rezepte und Gartentipps. Im Thorbecke Verlag sind bereits zwei Bücher der Autorin erschienen.

Carolin Jahn
**Vom Garten auf den Teller**
Anbauen, kochen & genießen
19 × 24 cm, 200 Seiten
ISBN 978-3-7995-1545-0

Wer möchte nicht gerne wissen, woher kommt, was auf dem Teller landet? Carolin Jahn findet: Um sein eigenes Gemüse anzubauen und zu verarbeiten, benötigt man nur ein bisschen Mut, Geduld und eine Möglichkeit zu pflanzen – den Rest übernimmt die Natur. In ihrem Buch gibt die Bloggerin Tipps, wie sich eigenes Gemüse leicht anziehen lässt und welche Pflanzen gute Nachbarn im Beet sind. Mit ihren Rezepten zeigt sie uns, dass man mit saisonalem Obst und Gemüse abwechslungsreich durchs Jahr kommt und wie sich zum Ende der Gartensaison Schmackhaftes für die kalten Tage einkochen lässt.

Carolin Jahn
**Wunderschöne Winterzeit**
Vom Backen, Kochen und Schenken in der kalten Jahreszeit
19 × 24 cm, 200 Seiten
ISBN 978-3-7995-1580-1

In der kälteren Jahreszeit, in der die Stunden des Tages kürzer geworden sind, Kerzenschein das Haus erhellt, kleine Tannenzweige die Wohnung schmücken und draußen Herbstlaub unter den Stiefeln raschelt, wächst in uns das Verlangen nach Wohlfühlessen: Gerichte, die von innen wärmen, nach winterlichen Gewürzen schmecken und das Gefühl von Geborgenheit vermitteln. Ob allein, mit der Familie oder mit Freunden: Lasst uns wieder die kleinen Dinge im Leben wertschätzen und verschenken. Lasst uns Zeit nehmen – gemeinsam oder auch für uns selbst – und lasst uns doch einfach mit einer großen Tasse Gewürzschokolade beginnen und die wunderbare Winterzeit genießen.